AI ART로 한 방에 예술가 되기

AI ART로 한 방에 뚝딱 예술가 되기

초판인쇄	2023년 10월 4일
초판발행	2023년 10월 11일

지은이	진순희, 윤종두
발행인	조현수, 조용재
펴낸곳	도서출판 더로드
기획	조용재
마케팅	최관호, 최문섭
교열 · 교정	이승득

주소	경기도 파주시 산남동 693-1
전화	031-942-5366
팩스	031-942-5368
이메일	provence70@naver.com
등록번호	제2015-000135호
등록	2015년 6월 18일

정가 23,000원
ISBN 979-11-6338-417-5 (93320)

AI ART로
한 방에 뚝딱
예술가 되기

진순희·윤종두 공저

도서
출판 더로드
The Road Books

"예술은 인간의 창조력과 감성이 교차하는 곳이다." 이 말은 오랫동안 예술의 세계를 탐구해 온 작가들 사이에서 회자되는 말 중 하나였습니다. 그러나 언제부터인가 예술은 단순히 사람들만의 영역으로 제한되지 않았습니다. 현대의 디지털 시대에서 우리는 혁신적 기술인 인공지능_{Artificial Intelligence, AI}을 만나게 되었습니다. 이제 우리는 AI를 통해 예술의 경지에 더욱 가까워질 수 있는 새로운 가능성을 발견하고 있는 중입니다.

인공지능 콘텐츠 강사 경진대회에서 윤종두 교수님과 제가 수상한 것을 계기로 함께 책을 쓰기로 했습니다. 윤 교수님은 미드저니를 활용해 공모전과 전시회를 계획하고 있었으며, 저 역시 상금을 받고 등단한 시인으로 AI 시 작성에 관심을 가지고 있었습니다. 우리 모두 AI Art에 대한 관심을 가졌던 터라 이미 책의 반 이상을 준비한 상태였습니다. 이러한 상황에서 함께 책을 쓰게 되어 더할 나위 없이 기쁩니다. 특히 윤 교수님은 진즉부터 전문가 수준의 미드저니 활용 능력을 갖추고 있어 큰 힘이 됐습니다. 탈고의 부담감 없이 책을 쓸 수 있게 됐다는 것보다도, 소중한 파트너를 만난 것은 큰 행운이었습니다. 함께 한 윤 교수님께 감사드립니다.

《AI Art로 한 방에 예술가 되기》를 통해 많은 이들이 AI Art의 매력과 가능성을 알게 되고, 예술 창작을 더욱 쉽게 할 수 있도록 문턱을 낮출 수 있기를 바랍니다. AI가 인간의 예술적 창의력을 돕기 시작하면서, 예술에 대한 높은 관심과 열의가 느껴지는 시대입니다. 이 책은 AI 기술이 예술 분야에서 가지는 무궁무진한 가능성을 전달하면서, 예술가로서의 꿈을 갖고 있는 많은 이들에게 예술이란 결코 어렵지 않은 목표임을 말하고자 합니다. AI가 예술의 잠재력을 더욱 확장시킬 수 있다는 점을 이야기하며, AI를 통해 예술의 세계에 도전하는 이들을 응원하고자 합니다.

이 책은 AI 시인과 AI 화가로 변신할 수 있는 방법에 대해 알려주고자 집필했습니다. 제1부는 AI 기술을 활용해 시를 쓰는 방법을 안내해 '뚝딱' AI 시인이 될 수 있도록 했습니다.

Part 1에서는 시를 쓰기 위한 태도에 대해, Part 2에서는 본격적으로 시에 숨결을 불어넣기 위한 수사법에 대해 설명했습니다. 시 쓰기 위한 준비 운동과 이론으로 무장한 뒤에는 바로 실행할 수 있도록 Part 3을 구성했습니다. 풍경과 사람과 사물, 공간, 날씨, 음식 등 주변에 있는 모든 것이 시가 될 수 있음을 보여주고 시의 세계로 풍덩 빠져들어 보자고 독자들을 초대했습니다.

제2부는 미드저니를 이용해 한 방에 AI 화가가 되는 방법에 대해 알려줍니다. Part 1은 AI Art의 입문편입니다. AI 화가가 되기 위해서는 미드저니에 대한 정확한 지식이 있어야 해서 공을 들여 설명했습니다. 제대로 된 응답을 받기 위해서는 프롬프트를 잘 구사해야 합니다. 기본이 되는 것을 갖춘 다음에 4차시부터 본격적인 AI Art의 세계로 진입합니다. 오브젝트, 미술, 사진, 상업, 애니메이션 스타일을 생성하기 위한 프롬프트 활용하기 등을 보여주고, Part 3에서는 실전 연습과 레퍼런스 사이트를 소개했습니다.

어떤 방법으로든 AI Art는 누구나 예술가가 될 수 있도록 진입장벽을 낮춰주고, 창의적인 활동을 도와주는 매우 유용한 수단입니다. 앞서 언급한 대로 이 책의 목적은 AI 기술이 어떻게 예술 창작에 도움이 될 수 있는지를 알려주는 동시에, 예술가가 되는 것이 어렵지 않다는 것을 전달하는 것입니다. 소수의 예술가들만이 가진 창의력과 예술적 지식은 이제 AI 기술로 인해 대중들에게도 열린 문이 됐습니다.

예술가로서의 꿈을 갖고 있는 많은 이들에게 예술이란 결코 어렵지 않은 목표임을, AI Art가 예술의 잠재력을 더욱 확장시킬 수 있음을 이야기하고자 합니다. 아울러 AI를 통해 예술의 세계에 도전하는 이들을 응원하고자 합니다. AI와 예술의 만남은 우리에게 새로운 창조적인 시야를 열어주며, 예술가들이 창작의 영역에서 더욱 놀라운 성과를 이룰 수 있게 해줄 것입니다.

　이 책은 독자들에게 AI 기술이 가져오는 혁신적인 변화에 대해 다가가는 기회가 될 것입니다. 무엇보다도 AI로 인해 예술이라는 분야에서 불공평하게 제한된 문턱을 낮추고 싶습니다. 대중들이 더욱 예술적인 삶을 살아갈 수 있도록 문을 열어주고 싶습니다. 이 책이 그러한 기회가 되기를 소망합니다. AI Art는 예술 분야에서 우리의 가능성을 더욱 확장시킬 것입니다.

　AI Art, 이제 시작해 보실까요. AI 시인과 AI 화가로 변신할 준비가 되셨나요?

2023년 8월. 여유재에서
진순희, 윤종두

차 례

제1부   챗GPT로 시 쓰기

Part 1   깨진 유리 조각에 비친 달빛 보여주기

Part 2   시에 숨결 불어넣기

Part 3 시 쓰기로 풍덩 빠져들기

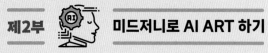

제2부　미드저니로 AI ART 하기

Part 1　도전! 미드저니 10분 컷

Part 2　소통의 키를 잡다 - 프롬프트

Part 3 여정의 돛을 올리다 - 실전연습

제1부
—
챗GPT로
시 쓰기

텍스트 생성 AI란?

텍스트 생성 AI는 인간과 유사한 텍스트를 생성할 수 있는 인공지능 모델을 말합니다. 이러한 모델은 문장 또는 부분 문장을 받아들이고 입력하고 나면, 그 다음 내용을 예측합니다. 텍스트 생성 AI 모델 중 하나는 변환기Transformer 기반 언어 모델인 GPT입니다.

GPT는 오픈AI에서 개발한 딥러닝 모델로 트랜스포머라는 아키텍처를 이용합니다. 보다 빠른 문맥의 상호 연관성을 파악해 낼 수 있도록 설계된 것이 바로 GPT입니다. 텍스트 생성 AI를 총칭하는 말이라고 봐도 되는데, 각 회사마다 지칭하는 단어가 조금씩 다릅니다. 하지만 일반적으로 거대 언어모델 LLMLarge Language Model이라고도 부릅니다.

ChatGPT는 자연스러운 대화를 위해 GPT를 이용해 파인튜닝Fine Tunning된 오픈AI가 만든 챗봇을 말합니다. 사용자와 쉽게 대화할 수 있도록 설계된 것으로 마이크로소프트 Bing, 구글 바드 등이 있습니다.

이외에 ChatGPT의 API^{Application Programming Interface}를 가져다가 특정 분야에 맞게 다시 만들어진 AI들이 있습니다. 대표적인 예로 아숙업^{AskUp}, 뤼튼^{wrtn}, 노션^{Notion} AI 등 입니다.

ChatGPT가 광풍을 일으켰던 특별한 이유가 있습니다. 지금까지 기계를 학습시키거나 결과물들을 도출하기 위해선 기계들에 특화된 언어인 포트란^{FORTRAN}, 자바^{JAVA}와 같은 프로그래밍 언어를 배워야 하는 수고가 따랐습니다. ChatGPT는 그런 수고 없이 인간의 자연어에 맞는 상호 소통이 가능합니다. 앞으로 텍스트 생성 AI들은 여러 어플리케이션에서 서로 소통할 수 있는 도구 역할을 할 것입니다.

챗봇 어플리케이션에 특화된 ChatGPT에게 질문하면, 고품질의 대답을 만들어 내어 마치 사람과 대화하는 것처럼 느끼게 됩니다. 이 책에서 AI Art로 시를 쓰는 데는 ChatGPT와 뤼튼, 아숙업을 활용할 것입니다.

1. 챗GPT

챗GPT는 OpenAI라는 인공지능 연구 기업에 의해 개발되어, 2022년 11월에 출시된 인공지능 챗봇입니다. 챗GPT를 만든 OpenAI는 2015년에 일론 머스크와 샘 알트만을 포함한 기업가와 연구자들에 의해 설립되었습니다. 챗GPT는 자연어 처리를 사용하여 인간과 유사한 대화 형식으로 응답을 생성하는 기능을 갖추고 있습니다. 이 언어 모델은 질문에 응답하고 기사, 소셜 미디어 게시물, 에세이, 코드, 이메일 등 다양한 글을 작성할 수 있습니다.

챗GPT는 온라인 텍스트를 사용하여 인간 언어를 학습하고, 회화의 기초를 학습하기 위해 대화 내용을 활용합니다. 인간 트레이너들이 대화를 진행하고 그에 대한 평가를 제공하여 최적의 답변을 만드는 데 기여합니다. 이러한 피드백은 챗봇을 계속 훈련시키고, 사용자들은 응답을 평가하고 향후 대화를 개선하기 위해 "좋아요" 또는 "싫어요" 아이콘을 클릭하거나 추가적인 피드백을 제공할 수 있습니다.

먼저 GPT란 무엇일까요? "GPT"는 "Generative Pre-trained Transformer"의 약자로, 대규모의 데이터를 사전학습으로 훈련하여 학습된 모델을 지칭합니다. 미리 학습했기에 사전학습 모델을 학습해야 할 데이터가 방대해지더라도 별도의 학습 과정이 필요 없습니다. 이전의 학습 모델에서는 각각의 테스크에 따른 모델 훈련을 새로 해야 하는 번거로움이 있었습니다. 그에 비해 챗GPT는 심화학습을 통해 인간의 피드백과 보상 모델을 사용하여 훈련됩니다. 피드백은 챗GPT를 머신 러닝으로 강화하여 추후의 응답을 개선하는 데 도움을 줍니다. 말하자면 강화학습을 통해 최상의 응답을 순위화하여 머신러닝으로 향상시키는 것입니다.

챗GPT의 활용 영역에 대해 알아볼까요?

챗GPT 사용자들은 간단하거나 복잡한 다양한 종류의 질문을 할 수 있습니다. 예를 들어, "인생의 의미는 무엇인가요?"나 "뉴욕이 어떤 해에 주가 되었나요?"와 같은 질문들을 할 수 있습니다. 챗GPT는 2021년까지의 데이터만을 사용하여 훈련되었기 때문에 해당 연도 이후의 데이터를 알기 위해서는 WebChat과 같은 확장앱을 설치해야 합니다. 또한 대화형 챗봇이므로 정보를 요청하거나 텍스트를 생성할 때 몇 번이고 다시 질문할 수 있습니다.

챗GPT는 다양한 분야에서 활용될 수 있습니다.

챗봇을 통해 고객 질문에 자동으로 답변을 제공하거나, 문제 해결을 도와줄 수 있습니다. 또 상담원들이 즉각적인 응답을 제공할 수 있도록 챗GPT를 활용하여 템플릿을 제공하거나, 해당 분야에 대한 정보를 리마인드하는 데 도움을 줄 수 있습니다. 광고, 마케팅, 블로그 글 작성 등 다양한 분야에서 글을 생성하거나, 문서에 대한 요약, 번역 등의 작업에도 활용이 가능하기에 콘텐츠를 생성하는 데 아주 유용합니다.

카카오 플러스 친구와 통합하여 사용자에게 정보를 전달하거나, 빠르게 대화를 이어나갈 수 있도록 합니다. 가상 스토리텔링에도 활용할 수 있습니다. 게임, 영화, 소설 등 스토리를 생성할 때 챗GPT와 창작자가 협업해 창의적인 작품을 만들 수 있습니다. 학습 분야에서는 학습자의 문제 해결에 도움을 주거나, 추가적인 설명을 통해 학습 프로세스를 가속화할 수 있습니다.

매월 20불의 사용료를 지불하는 GPT-4.0 베타 서비스에는 플러그인을 추가하는 기능이 있습니다. 플러그인 스토어에 정말로 다양한 확장 프로그램이 있습니다.

블로그에 많이 쓰는 여행 관련 글을 쓸 때는 '익스피디아'를 설치하면 아주 유용하게 활용할 수 있습니다. AI를 활용해 질 높은 대답을 끌어올 때 중요한 것이 프롬프트를 잘 넣는 것입니다. 명령어인 프롬프트에 따라 확연히 다른 결과물을 받아볼 수 있습니다. '프롬프트 퍼펙트'를 설치하면, 말 그대로 완벽한 프롬프트를 만들게 됩니다.

'WebPilot'는 OpenAI의 챗봇이 웹페이지를 방문해 그 내용을 가져오는 플러

그인을 말합니다. 챗봇은 웹페이지의 내용을 읽고 원하는 정보를 추출하거나, 웹
페이지의 내용을 다른 언어로 번역하는 등의 작업을 수행합니다. 웹페이지의 내
용을 읽고 사용자가 원하는 정보를 추출하거나, 웹 페이지의 내용를 다른 언어로
번역하는 등의 작업을 수행할 수 있습니다.

챗GPT는 교사들을 도와 강의 자료를 만들고, 다른 수업을 제안하는 데 사용
될 수 있습니다. 예를 들면, 수학 수업에서 학생들이 질문을 하거나 문제를 풀 때
챗GPT가 가상 튜터 역할을 수행하여 답변을 제공하고, 학생들 간의 협업을 촉
진하는 데에 사용될 수 있습니다. 챗봇을 사용하여 에세이를 작성할 수도 있고,
시를 써서 AI 시인으로 등단할 수도 있습니다. 미드저니와 같은 프로그램을 활
용해 AI 화가도 될 수 있습니다.

2. 뤼튼(wrtn)

"모두를 위한 AI 포털, wrtn^{뤼튼}"이라는 캐치프레이즈를 내세우고 있는 뤼튼은 OpenAI GPT-3 기술을 기반으로 개발됐습니다. 뤼튼은 사용자가 보유한 정보와 인공지능 기술을 활용하여 콘텐츠를 자동으로 생성합니다. 사업 계획서, 광고 콘텐츠, 상품 설명서, 기사, 뉴스 등 다양한 분야에서 활용될 수 있으며, 다른 텍스트 생성 응용 프로그램보다 높은 품질의 콘텐츠를 생성하고 최적화할 수 있습니다.

다른 유용한 기능으로는 번역 및 요약기능이 있습니다. 이들은 다국어 지원 및 요약 등 다양한 작업에 활용됩니다. 예를 들어, 외국어 문서 번역 작업에서 뤼튼의 번역기능을 활용하면, 전문 번역사 없이도 실시간으로 외국어 문서를 번역할 수 있습니다. 학문적인 글 작성에서 필수인 참조문Reference 생성 기능도 있어 논문을 쓰는 데 아주 유용합니다.

뿐만 아니라 뤼튼의 대화형 인터페이스대화형 AI도 많은 관심을 받고 있습니다. 사용자가 직접 입력하는 것보다 음성 명령 방식 등 직관적인 방법으로 입력하면, AI가 식별하여 바로 응답합니다. 뤼튼 플랫폼 개발사인 wrtn Technologies 뤼튼 테크놀로지스는 APIApplication Programming Interface 서비스도 제공합니다.

API 서비스란 쉽게 말해 컴퓨터 프로그램끼리 '통신'할 수 있게 해주는 것을 말합니다. 통역사 역할로 프로그램끼리 대화할 수 있게끔 돕는 것을 말합니다. 예를 들어, 날씨 API를 사용하면, 다양한 앱들에서 같은 날씨 정보를 공유하여 제공할 수 있게 하는 것입니다.

글쓰기에 최적화가 되어 있는 뤼튼의 상단 메뉴 중 '툴'을 클릭하면 세부 항목인 '신규 NEW', '블로그', '마케팅', '뤼튼 가이드'로 나뉩니다. 신규 NEW 에는 자기소

개서나 독서감상문을 쓸 수 있고, 인스타 피드나 리포트의 목차부터 본론까지 생성할 수 있고, 심지어 유튜브 숏츠 대본까지 만들어 줍니다. 블로그 메뉴에는 블로그 포스팅의 서론과 본론을 단계별로 빠르게 작성할 수 있는 '블로그 포스팅'과 1000자 내외의 블로그 포스팅을 한 번에 작성할 수 있는 '긴 블로그 포스팅'이 있습니다.

'마케팅' 카테고리에는 소비자가 주목할 페이스북이나 인스타그램의 제목을 생성해 주는 '제목 SNS 광고 문구'와 소비자가 환호할 페이스북, 인스타그램의 본문을 작성해 줍니다. 또 수많은 검색 결과 중에서 눈에 띄는 제목을 생성하는 '제목 구글 검색 광고' 카테고리와 검색한 후의 눈에 띈 제품 설명을 생성하는 '설명 구글 검색 광고'가 있습니다.

SMS 프로모션에는 고객의 클릭을 유도하는 파워링크 제목을 작성하는 '제목 네이버 파워링크', 눈에 띄는 제품 설명을 생성하는 '설명 네이버 파워링크', 브랜드 이름과 제품 종류에 맞게 감각적인 브랜드 검색 타이틀을 작성하는 '타이틀 네이버 브랜드 검색'이 있습니다. 이러한 마케팅 광고 툴은 초스피드로 초안을 잡아줘 홍보글 뿐만 아니라 시 쓰기와 같은 모든 글쓰기를 쉽고 빠르게 하는 장점이 있습니다.

3. 아숙업(AskUp)

oopy.io
https://askup.oopy.io ⋮

AskUp(아숙업) 가이드
명령어를 사용하려면, 여러분이 궁금한 질문 앞에 ?를 붙여주시면 돼요! 이렇게 하면, 해당 질문에 관한 정보를 검색해서 알려드려요.
AskUp(아숙업)이 뭐에요? · GPT-4를 지금 바로 AskUp에서! · 기본 가이드

AskUp아숙업은 AI 전문 기업인 Upstage업스테이지가 챗GPT와 자사의 OCR광학문자인식 기술인을 더해 카카오톡에 론칭한 서비스입니다. '눈 달린 챗GPT'라는 별명답게 카카오채팅방에 사진 찍어 올린 문서나, 텍스트를 읽고 이해한 후 질문에 답을 합니다. 아숙업의 이런 기능은 이미 기업명에서 추론할 수 있습니다. 아숙업은 '묻다, 질문하다'라는 뜻을 가진 'Ask'에 'Upstage'의 기업명을 합성한 것입니다.

사실 AskUp의 첫 시작은 슬랙Slack이라는 내부 업무 툴에 챗GPT를 연동해 간단한 태스크나 궁금증을 해결하는 것에서 출발했습니다. 업스테이지는 AI의

편리함과 기술력을 카카오톡으로 서비스를 확장해 AskUp을 만들었습니다.

AskUp의 활용 방법은 명령어 앞에 !를 붙여 질문하는 것입니다. 시를 못 쓰는 사람에게 "!시를 쓰기 위한 소재 찾는 법을 알려줘." "!비와 관련된 시 한 편을 써줘." 이런 식으로 명령어를 넣으면 됩니다.

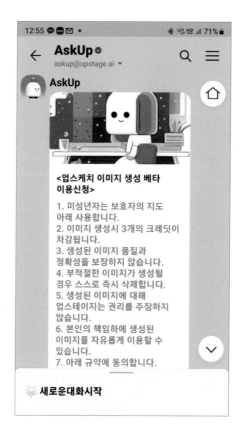

뿐만 아니라 이미지 생성 서비스까지 확장해 "글자를 읽는 눈에 이어 손도 갖게 됐다."는 평가를 받고 있습니다. 1. 원하는 이미지를 만들어 주는 '그려줘'와 2. 얼굴 이미지를 바탕으로 '젊게' 혹은 '멋지게' 바꿔주는 '프로필' 등 두 가지를 생

성할 수 있습니다. 성별까지 선택할 수 있도록 되어 있습니다. 이미지 생성 기능을 사용하려면, '아숙업' 채팅창에 '업스케치 베타신청!'을 입력합니다. 또는 아래 버튼을 눌러 "이미지 생성 베타 이용신청 약관 동의"를 하면 됩니다.

'그려줘' 기능은 사용자가 원하는 이미지에 대한 설명 이후 "그려줘"를 입력하면 적합한 이미지를 생성하는 기능입니다. 가령 "잔잔한 호수를 그려줘"를 입력하면 조용하고 평화로운 시간을 보낼 수 있을 것 같은 호수 이미지를 받을 수 있습니다. 이외에도 "빛나는 내 안에서"와 같이 실제 눈으로 볼 수 없는 "그림을 그려줘" 했더니 빛과 에너지가 무한한 움직임과 함께 표현한 그림을 선보였습니다. 존재하지 않는 이미지도 생성이 가능합니다.

카카오톡의 AI 챗봇 '아숙업'AskUp은 최근 업데이트로 인해 음식 사진을 통한 영양 정보 분석 및 기록 기능이 추가되었습니다. 스타트업 업스테이지와 AI 헬스케어 스타트업 두잉랩이 협력하여 음식 인식 솔루션인 '푸드렌즈'를 활용합니다.

사용자가 음식 사진을 올리면, 아숙업은 푸드렌즈를 통해 해당 음식의 열량, 탄수화물, 단백질, 지방 등의 정보와 식단까지 조언합니다. 건강한 레시피와 음식 추천 기능도 함께 제공됩니다. 음식 관련 스토리와 조리법을 담은 AI 챗봇 대화도 가능합니다.

정리하자면, 아숙업은 오픈AI의 챗GPT, OCR 기술, 이미지 생성 모델 업스케치를 결합한 AI 챗봇이기에, 챗GPT나 뤼튼에서 할 수 있는 것을 다 할 수 있습니다. 챗GPT·뤼튼·아숙업 중에서 아숙업은 카카오톡에서 서비스된 것이라, 가장 빠르게 급성장하여 90만 명의 채널 친구를 확보했다는 소식이 있습니다.

Part 1

—

깨진 유리 조각에 비친
달빛 보여주기

1차시

시 쓰기가 버거운 그대에게

어려운 시상 잡기 어떻게 시작할까?

　시를 쓰는 것은 처음에는 어렵게 느껴질 수 있지만, 연습을 통해 점차 발전할 수 있습니다. 시작하는 방법 중 하나는 자신이 좋아하는 주제를 선택하고 관련된 단어를 떠올려 보는 것입니다. 그런 다음에, 그 단어들로 시를 작성하면 됩니다. 이렇게 하면 자연스럽게 문장이 머릿속에 떠오를 것입니다. 또 다른 방법은 이미 작성된 시나 산문에서 일부 단어를 골라서 그것들을 소재로 새로운 시를 쓰는 것입니다. 이것은 작가들 사이에서 흔히 사용되는 방법 중 하나입니다. 아무리 어려워도 천천히 하나씩 해나가면서 결과적으로 자연스럽게 시 쓰기를 습관화할 수 있습니다. 다른 시인들의 작품을 많이 읽어 보면서 자신의 창작에 영감을 받는 것도 좋은 방법입니다.

　1) 좋아하는 주제를 선택하고 관련된 단어 떠올리기
　2) 기존의 작품에서 일부 단어를 선택해 소재로 활용하기
　3) 다른 시인의 작품을 읽고 필사하기

시를 쓰기 위한 실마리가 되는 생각을 '시상'이라고 합니다. 떠올린 시상에서 좋은 결과를 얻기 위해서는 다음과 같은 요소들을 고려하면 좋습니다.

1. 주제 선정: 주어진 주제나 테마에 맞게 시를 작성하는 것이 중요합니다. 주제를 잘 파악하고 관련 단어들을 잘 활용해야 합니다.

 "주제 선정: 주어진 주제나 테마에 맞게 시를 작성하는 것이 중요합니다. 주제를 잘 파악하고 관련 단어들을 잘 활용해야 합니다." 이글과 관련하여 주제 선정의 예시를 5개만 써줘

확신하는! 다음은 관련 단어를 잘 알고 사용하는 것의 중요성에 따라 시를 쓰기 위한 주제 선택 의 다섯 가지 예입니다.

5.1. 사랑과 갈망: 관계의 복잡성과 연결에 대한 열망에 대해 깊이 파고들어 사랑과 갈망의 감정을 탐구하세요.
5.2. 자연의 아름다움: 자연의 경이로움을 기리고 매혹적인 풍경, 생생한 색상, 생명체 간의 조화를 묘사합니다.
5.3. 자기 발견의 여정: 자기 성찰, 성장, 자신의 정체성 이해를 탐구하는 개인적인 자기 발견 여정을 성찰합니다.
5.4. 슬픔과 치유: 슬픔이라는 주제와 치유 과정, 기억에서 위안 찾기, 회복력의 힘을 다룹니다.
5.5. 시간과 덧없음: 무상함의 본질과 변화를 포용하는 아름다움을 포착하여 시간의 흐름과 삶의 덧없는 순간을 생각합니다.

시를 쓸 때 감정을 효과적으로 전달하고 선택된 관련 단어를 통해 독자와 호흡하기 위해서는 선택한 주제에 대한 깊은 이해가 있어야 합니다.

2. 감성적인 표현: 자신의 감정을 정확하게 표현하고, 독자들이 공감할 수 있는 메시지를 전달해야 합니다.

 감성적인 표현: 시는 감성적인 표현이 중요합니다. 자신의 감정을 정확하게 표현하고, 독자들이 공감할 수 있는 메시지를 전달해야 합니다. 이 글과 관련하여 감성적인 표현의 예시를 5개만 써줘

틀림없이 다음은 감정을 정확하게 전달하고 독자와 연결하는 것의 중요성과 관련된 시에서 감정 표현의 다섯 가지 예입니다.

5.1. 즐거운 행복감: "기쁨의 교향곡, 기쁨으로 내 심장이 터진다.
행복이 나를 자유롭게 하는 클라우드 나인에서 힘을 춥니다.
밤하늘의 별처럼 내 꿈은 날아오르고
나는 황홀경의 빛으로 세상을 칠한다."

5.2 상실과 쓸쓸함: "눈물이 빗방울처럼 떨어지네, 내 영혼에 폭풍이 몰아치네.
부서진 사랑의 조각, 온전한 마음.
절망의 침묵 속에서 나는 내 상처를 견디며,
사랑이 굶고 어렴풋이 드러나는 공허 속에서 아프다."

5.3. 공감과 연민: "친애하는 친구여, 내 손을 잡고 두려움을 나누세요.
폭풍 속에서 눈물을 통해 당신의 피난처가 될 것입니다.
공감의 포옹으로 우리는 투쟁을 헤쳐나갈 것입니다.
연민의 따뜻함 속에서 우리는 삶을 재건할 것입니다."

5.4. 회복력과 승리: "시련과 환난을 통해 나는 내 힘을 찾고,
잿더미에서 솟아오르는 불사조, 길이가 너무 길지 않습니다.
용기를 내 갑옷으로 삼아 미지의 세계와 마주하고
회복력의 승리자, 내 영혼의 왕좌."

5.5. 소속감에 대한 갈망: "군중의 포옹 속에서 나는 고향을 찾고,
마음이 편히 쉴 수 있는 곳.
소속을 갈망하며, 나는 내 부족을 찾고,
그들의 이해 속에서 내 영혼이 살아납니다."

5.1. 외로움과 고독: "나는 침묵 속에서 텅 빈 복도를 헤매고,
내 마음의 메아리, 잊혀지지 않는 외침.
고독의 달콤쓸쓸한 포옹을 껴안고
내 안의 공간에서 힘을 얻는다."

설명: 외로움과 고독의 감정을 담아낸 감정 표현입니다. 이 시는 고립의 공허함을 탐색하는 동시에 혼자 있음에서 찾을 수 있는 평온과 자기 인식을 발견하는 사람을 묘사합니다.

5.2. 고통과 절망: "눈물이 하늘에서 비처럼 쏟아지고,
이 광활한 슬픔의 바다에서 내 영혼은 운다.
절망의 심연의 심연에서 길을 잃고,
나는 생명줄, 행복의 일말을 찾고 있습니다."

설명: 이 감정 표현은 고뇌와 절망의 깊이를 파헤칩니다. 생생한 이미지와 신랄한 언어는 슬픔의 무게와 도전적인 상황 속에서 희망과 구원에 대한 탐구를 전달합니다.

시에서 감정 표현은 독자와 연결하고 공감, 이해 및 공유의 경험을 불러일으키는 강력한 역할을 합니다. 시인은 말을 통해 감정을 능숙하게 전달함으로써 독자에게 영향을 미치고, 시에 표현된 감정에 공감할 수 있게 합니다.

감정 표현은 시의 핵심 역할을 하고, 독자의 다양한 경험과 연결할 수 있도록 합니다. 언어, 이미지 및 감정의 깊이를 통해 시인은 공감을 불러일으키고, 이해 및 성찰하게 합니다.

3. 시에 쓰는 단어: 적절한 시어와 구어체를 사용하여 독자와 자연스러운 대화를 합니다. 시의 영역에서 언어는 상상의 무대를 가로지르는 우아한 춤꾼이 됩니다. 시인과 독자 사이의 완벽한 조화를 이루기 위해서는 적절한 시어와 구어적 표현을 모두 사용하는 것이 중요합니다. 시에 쓰는 단어는 상황에 따라 다르기 때문에, 어떤 언어를 쓸지는 시의 주제와 표현하고자 하는 감정에 따라 달라집니다. 하지만 일반적으로는 간결하고 함축적인 문장, 자연스러운 언어와 톤을 사용하는 것이 좋습니다.

4. 문장의 구조: 고정관념에 얽매이지 않고 다양한 문장의 구조로 시를 작성해야 합니다. 반면에 지나치게 어려운 단어나 문장을 사용할 경우, 독자의 이해를 방해할 수 있으니 적절하게 사용해야 합니다.

> 시는 그 자체로 언어의 예술이며, 다양한 문장 구조를 활용하여 표현의 폭을 넓힐 수 있습니다. 그러나 지나치게 어려운 단어나 문장을 사용하면 독자의 이해를 방해할 수 있기 때문에 적절한 균형이 필요합니다.
>
> 다양한 문장 구조를 지닌 시의 예시 3개와 그에 대한 설명은 다음과 같습니다:

1. 짧은 문장의 반복
- 시 예시:

  바람이 불어온다.
  나뭇잎이 춤춘다.
  하늘은 파랗다.
  세상은 아름답다.

- 설명: 짧은 문장의 반복은 시의 리듬을 만들어줍니다. 각 문장마다 주는 감정이나 이미지가 명확하게 전달되며, 독자는 시의 흐름을 쉽게 따라갈 수 있습니다.

2. 질문과 대답의 구조
- 시 예시:

  무엇을 기다리나요?
  바람의 속삭임을 기다린다.
  왜 그리 슬프나요?
  떠나간 사랑을 추억하기 때문이다.

- 설명: 질문과 대답의 구조는 독자와의 대화를 만들어줍니다. 이러한 구조를 통해 독자는 시의 내용에 더욱 몰입하게 됩니다.

3. 대비나 대조를 이용한 구조
- 시 예시:

  밤하늘의 별은 밝게 빛나지만,
  내 마음은 어둠 속에 있다.
  바다는 넓고 깊지만,
  나의 사랑은 그보다 더 깊다.

- 설명: 대비나 대조를 이용한 문장 구조는 시의 내용을 더욱 돋보이게 합니다. 서로 다른 이미지나 감정을 비교하거나 대조함으로써 시의 메시지를 강조할 수 있습니다.

이렇게 다양한 문장 구조를 활용하면 시의 내용과 감정을 풍부하게 표현할 수 있습니다.

5. 편집과 수정: 시를 작성한 후에는 편집과 수정을 통해 더욱 완성도 높은 작품으로 만들 수 있습니다. 줄거리와 구조, 문장 구조, 모든 단어가 의도에 맞게 사용되었는지 등을 세심하게 살펴보아야 합니다.

AI로 생성된 시가 흡족하게 나오지 않아 다시 써달라고 했습니다.

 사랑하는 사람들이 이별하는 장면을 넣은 시를 써 줘. 제목은 이별의 아침으로, 6줄 이내의
시를 써줘. 쓴 시를 편집하고 수정하는 과정을 설명해줘.

이별의 아침

적막한 아침

창가로 따스한 햇살이 파도 친다.

언제부턴가 예쁘게 지켜줬던 꽃들이

추억을 남기고

나를 배웅한다.

 1. 주제 설정: "사랑하는 사람들이 이별하는 장면"으로 시작하기 위해 주제를 선정했습니다.
2. 구상 단계: 이별의 감정과 상황, 아침 시간 등을 고려하여 시 전체적인 분위기와 내용에
대해 생각하였습니다.
3. 구조화: 6줄로 제한된 길이 안에서 필요한 메시지와 이미지를 담아 작성하였습니다.
4. 언어 선택: 은유적인 표현과 비유적인 언어를 사용하여 강조할 부분들을 담았습니다.
5. 리듬과 운율 조절: 문장 길이와 단어 선택 등으로 시의 리듬과 운율을 조절하여 읽기 쉽고
감동적인 효과를 만들었습니다.
6. 수정 및 검토: 작성된 시 전체를 다시 살펴보며 문법, 맞춤법, 의미전달 등을 확인하고
필요한 부분을 수정 및 보완했습니다.

미드저니 프롬프트

a painting of a window with yellow flowers and pots nearby, in the style of soft and dreamy atmosphere, backlight, orange, romantic scenery, colorful ink wash paintings, --ar 2:3

AI로 시를 생성하더라도 시인의 생각이 한 수저 가득 들어가야 합니다. 그래야 시인의 시라고 할 수 있습니다. AI가 찾아준 시를 조금 손을 보는 과정인 '편집'과 '수정'이 들어갔습니다. '꽃들이'를 3행에 안 쓰고 4행 첫음절인 행간 걸침으로 해서 독자의 시선을 머무르게 했습니다. '추억을 남겨주며'라는 시어가 자연스럽지가 않아서 '추억을 남기고'로 시어를 조금 바꿨습니다. 위 요소들을 고려하며 시를 쓰고, 많은 시를 써보면서 연습하다 보면 자신만의 감성과 스타일을 발견할 수 있게 될 것입니다.

자, 시상을 떠올릴 수 있는 시어 10개를 AI에게 부탁해 볼까요?

 시상을 떠올릴 수 있는 시어 10개만 써줘.

①고독 ②속삭임 ③빛나는 ④평온 ⑤기쁨
⑥우울 ⑦불씨 ⑧미묘한 ⑨부드러움 ⑩방랑벽

⑦번의 '불씨'의 시어를 갖고 쓴 시 한 편

빛나는 내 안에서

내 마음속 작은 불꽃이
어둠을 밝혀주는 빛으로 빛나네.
따스하고 진실한 기억의 불씨
내가 향해 나아가는 길을 밝혀주네.

필요한 때 이끄는 빛처럼
불씨의 빛은 영원히 밝아 있네.

걸음마다 나와 함께 하며

내 마음속에서 불꽃은 머무르네.

AI ART 2-〈빛나는 내 안에서〉의 내용을 미드저니 그려넣기

미드저니 프롬프트

painting of a heart on white background, in the style of light gold and dark amber, dreamlike illustrations, colorful explosions, emotional narrative, backlight, romantic realism, romantic graffiti --ar 2:3

시어를 단어가 아니라 문장으로도 활용할 수 있습니다.

 시를 쓸 때 사용할 수 있는 시어(표현)를 문장 형태로 제공하겠습니다:

1. 하늘의 별들은 우리의 미래를 비춰주는듯이 반짝였다.
2. 바람은 고요한 밤을 흔들며, 나의 마음도 함께 흔들렸다.
3. 눈물은 슬픔의 강을 만들며, 그 강을 따라 흘러갔다.
4. 꽃잎 하나하나는 시간의 흔적을 담고 있었다.
5. 그리움은 가슴에 물든 편지처럼 남아있다.
6. 바다의 파도는 너와 나의 추억을 끌어안고 왔다.
7. 노을은 하루의 끝을 알리며, 우리의 사랑을 노래했다.
8. 새벽의 고요함 속에서, 나의 마음은 너를 찾아 헤맸다.
9. 가을의 낙엽은 지나간 시간의 아픔을 덮어주었다.
10. 봄비는 새로운 시작을 약속하며, 나의 마음을 적셔갔다.

이러한 시어는 시의 내용과 감정을 더욱 풍부하게 표현하는 데 도움을 줍니다.

AI가 찾아준 1번의 "꽃밭에 피어난 작은 꽃 하나하나도 아름다운 이유가 있습니다."를 갖고 시 한 편을 써주고, 제목도 달아주고, 그 시에 대한 설명을 써달라고 했습니다.

작은 꽃

꽃밭의 작은 꽃 하나하나도
우리에게 가르치는 것이 있죠.
아름다움이라는 선물을 주며
가장 작은 존재도 빛을 발하죠.

어떤 눈에도 눈부신 꽃들이

꽃밭의 장미들 속에 있죠.

하지만 우리는 작은 꽃과 함께

그들이 피워낸 아름다움을 볼 수 있죠.

그들은 작은 존재라 하지만

우리의 삶에서는 너무나 소중해요.

끝없이 펼쳐지는 세상 속에서

작은 꽃이여, 계속 피어나 줘요.

〈작은 꽃〉에 대한 해설을 AI한테 부탁해 봤습니다.

≡ **wrtn**   채팅   AI 스토어   공유 트렌드   이벤트   톨   진순희─@suni_writer

시 "작은 꽃"은 작은 꽃 하나하나가 우리에게 전하는 가르침과 아름다움에 대해 담고 있습니다.
이 시는 작은 꽃들이 어떤 눈에도 눈부시게 피어있다는 것을 강조하며, 그들의 작은 존재도 빛을 발한다고 말합니다.
이는 작은 것일지라도 그 안에 내재된 아름다움과 가치를 알아야 한다는 메시지를 전달합니다.
우리는 종종 큰 것만 가치있다고 생각하곤 합니다. 하지만 이 시에서는 작은 꽃과 함께 있으면서 그들이 피워낸 아름다움을 볼 수 있다고 말합니다. 우리의 삶에서 작고 소중한 것들이 얼마나 중요한지를 강조하며, 그것들이 우리에게 주는 영감과 위로를 언급합니다.
마지막으로, 시인은 세상 속에서 계속해서 피어나기를 바라며 작은 꽃에게 부탁하는 모습을 보여줍니다. 이것은 우리가 끝없이 변화하는 세상에서도 희망과 아름다움을 찾기 위해 작은 것들을 소중히 여기고 지켜야 한다는 의미입니다. "작은 꽃"이라는 시는 사소하지만 간결한 표현으로 작은 것의 중요성과 아름다움을 강조하여 독자에게 공감과 위로를 전달합니다.

미드저니 프롬프트

stain and watercolor of gypsophila garden in the forest, a small trail in the middle of the forest, red autumn leaves are colored on both sides of the trail --ar 2:3

2차시

세포 하나하나 감각을 열어놔라

관찰과 집중, 세상이 다르게 보인다

　독특한 방식으로 세상을 인식함으로써 시인은 창의성의 새로운 영역을 열고 시적 표현을 풍부하게 할 수 있습니다. 주변 환경을 깊이 파고들어 심오한 통찰력을 불러일으키는 매혹적인 시로 엮어내도록 합니다. 예리한 관찰력을 기르고 집중적인 사색을 연습함으로써 기존의 인식을 초월하고 시에 생명을 불어넣은 시를 써서 독자를 매혹시킬 수 있습니다.

　세포 하나하나 감각을 열어놓으려면 관찰과 집중을 해야 합니다. 세상이 다르게 보일 것입니다. 관찰과 집중을 하기 위해 다음과 같은 4 가지가 필요합니다.

1. 감각적인 것에 몰입하기: 시는 감각적 경험에 대한 개방성에서 시작됩니다. 우리를 둘러싼 광경, 소리, 냄새, 맛, 질감에 몰입함으로써 우리는 감각을 일깨우고, 그것들이 우리의 창조적인 노력을 인도하도록 합니다. 지각의 각 세포, 우리 존재의 모든 원자는 관찰된 것의 본질을 포착하면서 세상에 수용적인 상태를 유

지해야 합니다.

관찰을 제대로 하기 위한 훈련을 해 보실까요?

시각: 잎사귀의 섬세한 잎맥이나 연못 표면의 잔물결과 같은 자연의 복잡한 패턴을 관찰합니다.

청각: 조용히 앉아서 잎사귀가 바스락거리는 소리나, 멀리서 지저귀는 새 소리와 같은 주변의 미묘한 소리를 주의 깊게 들어보세요.

후각: 갓 내린 커피, 꽃이 만발한 꽃, 비 온 뒤의 흙내음과 같은 다양한 향을 탐색하여 후각을 자극하세요.

미각: 음식을 한 입 베어 물 때마다 맛을 음미하며, 미각을 자극해 각 재료의 고유한 특성을 인지합니다.

촉각: 벨벳의 부드러움, 나무껍질의 거칢, 매끄러운 돌의 시원함 등 다양한 질감을 손가락으로 만져보세요.

자연 속을 걷기: 주변의 풍경, 소리, 냄새에 주의를 기울이면서 공원이나 숲속을 여유롭게 거닐어 보세요.

마음챙김 적용하기: 시는 신중하게 선택한 단어와 연상시키는 이미지를 통해 우리의 가장 깊은 감정, 생각 및 경험을 표현할 수 있는 예술 형식입니다.

① **현재에 집중하기**: Mindfulness는 현재 순간에 우리 자신에게 집중하는 것으로 시작됩니다. 시를 쓰기 전에 몇 번의 심호흡을 하고 지금 여기에 주의를 집중하십시오. 산만함과 걱정을 내려놓고 시 쓰기에 완전히 몰두할 수 있습니다.

② **내면의 풍경 관찰하기**: 마음을 관찰하며 모든 감각을 동원해 표현합니다.

③ **정서적 진정성**: 시에서 취약성과 진정성을 표현해야 합니다. 감정을 솔직하게 마주하는 용기가 있어야 합니다. 완벽함이 목표가 아님을 인정하고 내 감정

이 전하는 고요함의 순간을 포착합니다.

2. 작은 것에 관심 기울이기: 거대한 존재의 태피스트리 안에는 수많은 숨겨진 보물이 있습니다. 시인의 임무는 하찮아 보이는 것에 생명을 불어넣는 것입니다. 작은 것 하나에 세심한 주의를 기울임으로써 시인은 평범함 속의 비범함을 드러낼 수 있습니다. 아무리 작은 관찰이라도 시인과 독자 모두에게 깊은 공감을 불러일으킬 수 있습니다. 관찰은 독특한 관점과 통찰력을 제공하는 영감의 원천이 될 수 있습니다.

섬세한 관찰의 힘으로 예술적 표현을 하는 시는 시인과 독자 모두에게 깊은 공감과 정서적 공명을 불러일으킵니다. 종종 둘 사이를 심오하게 연결하는 것이 바로 세밀한 관찰입니다. 시의 경계 안에서 평범한 것은 비범한 것으로 변모하고, 가장 작은 세부 사항은 보편적인 감정의 무게를 지닙니다. 유리창을 따라 떨어지는 빗방울이나 땅에 뒹구는 낙엽처럼 단순한 관찰조차도 공감과 이해를 불러일으키고, 시인의 마음과 독자의 영혼 사이의 간극을 메울 수 있습니다.

시인은 예리한 관찰력을 가지고 있어 주변 세계의 자주 간과되는 부분도 알아차릴 수 있습니다. 꽃잎이 섬세하게 펼쳐지는 것부터 사랑하는 사람의 눈에 맺힌 눈물의 반짝임까지, 이러한 세밀 관찰은 시인이 광활한 감정과 경험의 풍경을 탐구하는 렌즈가 됩니다

3. 관조적 성찰: 관찰은 단지 첫 번째 단계일 뿐입니다. 진정한 시적 표현은 관조적 성찰을 통해 나타납니다. 시인은 관찰에 몰두하면서 심오한 성찰에 이르게 됩니다. 관찰을 통해 우주와 연결하여 의미 및 상징을 발견합니다. 관조적 성찰은 자아를 넘어 세계 전체를 포괄합니다. 시인은 평범함 속에서 비범함을 보는 독특

한 관점인 시인의 눈을 개발합니다.

시인은 현재의 순간에 몰두함으로써 찰나의 인상을 포착해 덧없는 순간을 영원한 시로 바꿔냅니다. 관조적 성찰은 더 깊은 연결의 문을 여는 통로가 됩니다.

다음은 관조적 성찰을 불러일으킬 수 있는 '고독'과 관련해 AI가 창작한 시입니다.

고독한 하루의 끝

하루가 저무는 무렵
잠들기 전에 네가 생각난다.
그 어느 때보다 조용해지는 시간
그 끝엔 나만의 세상이 펼쳐진다.
이 모든 것이 너무나 고요하다.
오지 않는 기다림, 비어있는 인생을
감당하는 마음들. 나는 이 세상에서
어디에도 속하지 않는 듯이
하루하루 지나간다.
언제나 이곳저곳을 돌아다닌다.

미드저니 프롬프트

person is sitting on a bench at night, in the style of mysterious dreamscapes, claire-obscure lighting, dark amber and silver, flickr, romantic moonlit seascapes, backlight, monochromatic works --ar 2:3

4. 경계 확장: 시인이 사회적 경계를 넘어 새로운 경험을 추구하면서, 전통적인 시의 형식이나 테마와는 다른 새로운 시의 형태를 찾아나서는 것을 경계 확장이라고 합니다. 이러한 새로운 시들은 독자들에게 색다른 시적 경험을 제공하고, 시인들은 이를 통해 새로운 모험을 즐길 수 있습니다. 경계 확장을 통해 시인은 전통적인 관점에서 벗어나 더 넓고 광범위한 시적 경험을 얻을 수 있습니다.

현재까지 시에서 사용된 모든 구성요소를 사용하지 않는 새로운 시 형식을 찾아내서, 시에 새로운 차원을 부여하는 것도 중요한 경계 확장 방법 중 하나입니다. 또한 시에 음악, 미술 등 다른 예술 형식을 접목시켜 새로운 시적 경험을 제공하는 것도 가능합니다. 다양한 주제나 문제를 다루어 새로운 관점에서 시를 쓰는 것도 경계 확장에 좋은 방법입니다. 이렇게 다양한 방법으로 새로운 경계를 확장해 나갈 때, 독자와 다양하게 의미 있는 연결을 가능하게 합니다.

① **언어 경계 깨기:** 신조어를 소개하고, 문법 관습에 도전하거나 전통적인 시의 경계를 넓히는 혁신적인 시적 형식을 만들 수 있습니다. 예를 들어, 앙드레 브르통이 이끈 시의 초현실주의 운동은 꿈과 잠재의식의 영역을 탐구해, 기존의 언어나 논리적 경계를 무시합니다.

② **사회규범의 파괴:** 예를 들어, 여성의 권리를 주제로 한 시들은 조금씩 사회적 경계를 변화시키며, 여성들이 더 나은 사회적 지위를 쟁취하게 하는 계기를 만들었습니다. 따라서 시의 경계 확장은 때로는 사회적 규범을 파괴할 수도 있지만, 이는 새로운 시적 경험을 제공해 사회적 변화를 이끌어 내는 중요한 역할을 합니다.

③ **감정적 공명하기:** 시를 읽거나 들었을 때, 시가 담고 있는 감정이 독자나 청

자의 마음에 전달돼서 그들의 감정을 끌어올리거나 공감하게 만드는 것을 말합니다. 감정적 공명을 통해 시인과 독자 간의 유대감이 형성되며, 이를 통해 강한 공감과 연대감을 느낄 수 있습니다.

AI 뤼튼에게 요청했습니다.

 감정적 공명을 느낄 수 있는 '사랑'에 관해 시 한 편 써줘. 제목과 함께 써줘. 사람들이 공감할 수 있는 시를 써줘.

사랑의 기억

어제 같이 느꼈던 우리의 사랑
이젠 떠오르지 않는 곳에 묻혔다.
너에게 닿은 흔적은
나를 깊은 슬픔에 젖게 한다.

이젠 과거가 됐지만,
때때로 그 감정은 살아 움직인다.
언젠간 다시 만나게 된다 해도
그 감동은 영원할 것이다.

미드저니 프롬프트

a man and woman in the forest with a glowing tree in the background, in the style of mysterious and dreamlike scenes, love and romance, light teal and dark amber, flickering light effects, romantic drama, smokey background, romantic: dramatic landscapes --ar 2:3

3차시

비유적으로 말하라

비유법을 활용하는 것은 글이나 시를 더욱 생동감 있게 만들어 주기 위함입니다. 비유법을 사용하면, 추상적인 개념이나 복잡한 내용을 쉽게 이해할 수 있도록 도와줍니다. 독자들의 상상력 또한 자극하지요. "나무처럼 변화하라"라는 비유는 나무가 겨울을 지나 봄을 맞이하듯이, 인생의 여러 과정에서 모든 것이 변화하고, 이 변화 과정에서 새로운 에너지와 삶의 의미를 찾아가야 한다는 것을 강조합니다.

생각의 넓이를 보여주는 "세상은 부론의 나무와 같다."라는 비유가 있습니다. 부론의 나무 Lombardy poplar 는 유럽·중동·북아프리카 등지에서 자생하는 높이 자라고 뾰족한 모양을 가진 나무의 종류입니다. 풍성한 분포력과 뾰족한 모양에서, 어디서부터 시작하든지 깊이 뿌리 내리고 높이 자라라는 것을 상징적으로 나타냅니다.

비유법은 일종의 창의적 표현 방법으로, 보통 개인별 경험이나 상상력에 따라 다르게 활용됩니다. 하지만 비유적으로 말하기 위한 첫째 방법은 비유와 관련된 말이나 문구, 상징 등을 수집하는 것입니다. 수집한 단어와 말, 상징 등을 활용하여 스스로의 비유를 만들어 내는 과정에서 새로운 창조적 아이디어를 생각해 볼 수 있기 때문입니다.

둘째로, 상상력과 경험을 바탕으로 자연스럽게 비유를 만들어 보는 것입니다. 또한 일상생활에서 겪는 경험들을 바탕으로 비유를 만들어 보는 것을 권합니다. 셋째로, 비유를 사용하는 다른 사람들의 작품을 참고하는 것입니다. 문학 작품, 영화, 광고 등에서 사용되는 비유들은 이미 비교적 높은 퀄리티를 보유하고 있으므로, 이들을 선별하여 공부하는 것은 비유 연습에 큰 도움이 됩니다. 마지막으로, 비유를 사용하는 훈련을 하는 것입니다. 주어진 테마나 단어 등에 대해 가능한 비유를 만들어 봅니다. 또 자신이 써보고 싶은 주제를 정하고, 해당 주제와 관련된 이미지를 연상하며 연습해 보는 것도 추천합니다.

비유법으로 말하라는 것이 아무리 중요하더라도 잘못 쓰면 사용하지 않으니만 못한 결과를 가져올 수 있습니다. 비유법을 활용할 때 글쓰기·시쓰기에서 주의할 점은 다음과 같습니다.

1. 적절한 비유를 선택해야 합니다. 일단 비유를 사용할 때 선택하는 비유가 일관성을 가지고 있고, 딱 맞춰져야 합니다. 부적절한 비유를 선택한다면, 독자들의 시선을 붙잡아둘 수 없습니다.

"해머로 모기를 죽이려고 하는 것은 송아지를 죽이려고 봉투로 때리는 것과 같다."

→ 비유의 주체가 명확해야 합니다.

비유에서 주체와 반응의 관계는 반드시 명확해야 합니다. 즉, 이해하기 쉽고 의도된 비유를 사용하여 내용을 명확히 전달해야 합니다. "좋은 대학에 가려면 머리가 좋아야 한다. 그래야 인기 있는 학과에는 입학할 수 있고, 좋은 직업도 얻을 수 있기 때문이다."처럼 오해의 소지가 있는 비유는 사용하지 말아야 합니다. 이해하기 어렵거나 부적절한 비유를 사용하면, 의사 전달이 제대로 이루어지지 않을 수 있습니다. 따라서 정확하고 상황에 맞는 비유를 선택하는 것이 중요합니다. 비유의 논리적 일관성을 유지해야 합니다.

2. 사용한 비유가 메인 포인트와 일관되어야 합니다. 이때 일관성을 유지하게 되면, 독자들은 비유 속의 메시지를 정확하게 이해할 수 있습니다. 과도한 비유는 사용하지 말아야 합니다.

"성공한 사업가는 무엇이든 가능하다고 믿는다. 마치 금광을 발견한 광부가 모든 산을 캐볼 수 있다는 믿음이 있는 것과 같다." "운은 나쁜 시기에는 바람과 같이 불어대지만, 행운이 찾아올 때는 물결처럼 조용하게 밀어서 찾아온다." 와 같이 과도하게 사용된 비유는 독자들에게 피로감을 줄 수 있습니다. 따라서 적절한 빈도로 사용하는 것이 좋습니다.

3. 비유를 들어 예제나 설명을 하는 경우, 일종의 지원 장치 역할을 해야 합니다. "영화는 많은 사람들의 수많은 노력이 결합된 작업이다. 마치 건축가가 건물을 설계하고 건설하기 위해 각 분야 전문가들과 함께 협력하는 것과 비슷하다." 오로지 비유의 감각만으로 설명하지 말고, 감각적 표현과 함께 나머지 내용을 잘 이해하도록 나타내는 것이 좋습니다. 이러한 주의사항을 지키며 적절하고 명확한 비유를 사용한다면, 글을 쓸 수 있음은 물론 독자들에게 강력한 이미지를 전달할 수 있습니다.

그러면 비유법을 이용해 자신의 글을 풍성하게 만들 수 있는 방법을 소개하겠습니다.

1. 흥미로운 비유를 선택하세요.

예를 들어, "그의 목소리는 자동차 엔진처럼 울렸다."는 문장은 "그의 목소리가 크게 나왔다." 보다 독자의 흥미를 유발시키고, 글을 더욱 생생하고 풍부하게 만들 수 있습니다.

2. 적절한 비유를 선택하세요.

예를 들어 "그녀는 그녀의 몸을 특급열차처럼 가늘고 길게 만들어버렸다"는 문장에서 "특급열차처럼 가늘고 길다"는 비유를 사용하고 있습니다. 이 비유는 그녀의 몸매나 체형을 강조하기 위한 것입니다. "특급열차"는 길고 빠르며 직선적인 모양을 가지고 있기 때문에, 이를 통해 그녀의 몸매가 길고 가늘다는 것을 부각할 수 있습니다.

3. 다양한 비유를 사용하세요.

예를 들어, "그의 발걸음은 파도처럼 야성적으로 번졌다"라는 문장에서는 걸음걸이나 행동이 파도의 강렬함과 비슷하다는 비유를 사용하고 있습니다. 파도와 발걸음을 비유하여 더욱 다양한 느낌을 전달합니다.

4. 과장하지 않고, 지나치게 사용하지 마세요.

과장된 비유는 독자들로 하여금 글에서 전달하려는 메시지를 받아들이기 어렵게 만들 수 있습니다. 비유법을 지나치게 사용했을 때는 오히려 메시지 전달이 희미해질 수 있습니다. 덜어내는 과정을 통해 자신의 글을 더욱 풍성하게 만들 수 있습니다.

5. 글의 주제와 연관된 비유를 사용하세요.

비유법을 활용했을 때, 전달하려는 메시지를 보다 쉽게 이해시킬 수 있습니다.

글의 주제와 관련된 비유를 사용한다면 좀 더 생생하게 시인의 뜻을 전할 수 있습니다.

비유를 사용하는 것은 표현의 다양성을 높여 자신의 글을 더욱 생생하고 이미지가 있는 것으로 만들어 줍니다. 어떤 상황에서 비유를 사용하는 것이 가장 적절할까요?

1. 추상적인 개념을 설명할 때

비유는 추상적인 개념을 쉽게 이해할 수 있도록 도와줍니다. "그녀의 사랑은 빛과 같이 따사로웠다."라는 비유는 추상적인 개념인 사랑을 빛이라는 구체적인 개념으로 묘사합니다. 그 결과 사랑이 독자들에게 어떤 느낌으로 다가오는지를 쉽게 이해할 수 있게 해줍니다.

AI의 힘을 잠깐 빌려 예시를 가져왔습니다.

예시:

- "나는 자존감이 낮아서 모든 일이 힘들게 느껴진다. 마치 바닷속에서
   쓰러져 물속으로 가라앉는 것과 같은 느낌이 든다."
- "대지 위에서 조용하게 솟아오른 꽃
   차가워진 돌 위에 눈처럼 쌓인 이별
   그 무뎌져 가는 여운처럼"

2. 감정을 표현할 때

감정적인 표현은 강렬한 이미지를 통해 더욱 뚜렷하게 전달될 수 있습니다. 예를 들어, "생각하지 않고 발을 디딜 수밖에 없을 때 앞으로 나아가는 것은 마치 고요한 바다를 향해 달려 나가는 것과 같아"라는 문장에서는 고요한 바다라는 이미지

를 통해 많은 사람들이 공감할 수 있는 감정적인 표현을 전달할 수 있게 됩니다.

- "사람들은 가끔씩 고통받을 수밖에 없다. 마치 쏟아져 내리는 비처럼
  아득한 시간 동안 그저 고통을 이겨내야 한다는 생각이 든다."
- "슬픔이 내게 밀어붙인 파도와 같이/ 하늘 끝까지 솟아오른 저
  산봉우리에/ 눈물이 폭포수처럼 흘러내리네."

3. 복잡한 개념을 이해시킬 때

복잡한 개념을 단순하고 쉽게 이해시킬 수 있는 능력은 좋은 시쓰기의 중요한 부분입니다. 예를 들어, "성공은 순간적인 사건이 아니라 꾸준한 노력의 결과이며, 마치 해안가에서 계속해서 모래의 작은 조각을 끌어올리는 것과 같다."라는 문장이 있습니다. 이 문장에서는 복잡한 개념을 쉽게 이해시키는 굉장히 직관적이고 생생한 비유가 사용된 것으로 볼 수 있습니다.

"작은 그 출발점에서부터 출렁이는
파도처럼 자라나는 인생.
마치 어릴 적 산 넘어 나무를
심을 때처럼 꽃을 피우기 위한 땅."

4. 비유를 이용해 다양한 문장 구조를 활용할 때

문장의 구조가 다양하면 글이 더욱 풍성해집니다. 독자들도 쉽게 공감할 수 있습니다. 예를 들어, "밤이면 아무리 바람이 강해도 바다는 긴장을 늦추지 않는다. 마치 우리가 인생의 어떤 상황에서도 끝까지 복수심을 놓치지 않는 것과 같

은 것이다."라는 문장에서는 두 개 이상의 문장 구조를 각각 다른 비유를 통해 표현합니다. 이렇게 함으로써 독자들에게 좀 더 생생한 글 읽기 경험을 제공할 수 있습니다.

예시:

> "우리는 언제나 과거의 시간을 추억하지만, 마치 해저처럼 감정은 차곡차곡
> 계속 쌓여간다."
> "매일 아침 햇살은 지붕 밑으로 감춰지는 것과 같은 기분을 느낀다. 눈을
> 떠보니 하루가 시작됐고, 우리의 삶은 다시 한번 움직임을 시작한다."

5. 비유를 이용해 시각적인 이미지를 제공할 때

시각적인 이미지를 제공하는 비유는 글에서 가장 효과적인 표현 방법 중 하나입니다. 독자들은 이를 통해 글 속 상황에서 더욱 생생한 경험을 할 수 있으며, 글쓴이가 전달하고자 하는 메시지를 더욱 쉽게 받아들일 수 있게 됩니다. 예를 들어, "행복은 매우 비싼 독소이다. 지구상에서 가장 비싼 물질 중 하나로, 높은 가격을 치르더라도 독을 품은 채로 그것을 사려는 사람들이 있다. 마치 그 맛이 그림자가 없고, 미칠 것처럼 화려하게 빛나는 유리구슬 같은 것이다."라는 문장에서, "화려하게 빛나는 유리구슬"이라는 이미지를 사용하여, 독자들에게 실제로 눈으로 본 것처럼 더욱 강렬하게 그림을 그리게 됩니다.

예시:

> "그대와 함께였을 때, 나는 마치 종말 후에 남아 있는 단 하나의 섬과 같았다.
> 바다 위에 떠 있는 찬바람에 휘날리는 초록색 나뭇잎 하나부터 끝없이
> 퍼져나가

미드저니 프롬프트

a woman's head with trees and clouds behind it, in the style of tropical landscapes, double exposure, romantic riverscapes, realistic depictions of human form, topographic photography, serene and tranquil scenes, dark cyan and white --ar 2:3

살펴본 것처럼 비유법은 인간의 상상력과 창의성을 자극합니다. 추상적이고 복잡한 개념들을 직관적이고 명확한 이미지로 간결하고 재미있게 표현할 수 있습니다. 문학에서는 비유를 통해 이질적인 개념들을 다룹니다. 비유는 독자를 대상으로 장면과 인물을 생생하게 묘사하는 것에 중요한 역할을 하고 있습니다.

옆에 있는 듯 보여주라

시를 쓰기 전에 먼저 시의 구조인 행과 연에 대해 설명해 드리겠습니다.

행은 시를 구성하는 가장 작은 단위로, 하나의 문장으로 이루어져 있습니다. 시인이 원하는 의미나 감정을 담아서 결합합니다. 또한 행의 길이나 구성 등은 시의 리듬이나 운율에 영향을 미칩니다. 연이란 시의 행들을 결합한 형태를 말합니다. 연의 크기와 형태는 시인의 의도에 따라 다양하게 결정될 수 있습니다.

연은 구성원소인 각 행들의 의미와 감정을 하나로 묶어 전체적인 시의 느낌과 맥락을 형성합니다. 또한 시의 작법과 구성에서 연은 중요한 역할을 합니다. 이렇게 행과 연은 시의 작품성과 구조를 결정하는 중요한 요소 중 하나입니다. 시인이 의도하는 의미와 감정을 적절한 행과 연을 통해 전달해 전체적인 공감대를 형성하는 것이 시의 목표입니다.

 행과 연을 구분한 '밥'에 관한 시를 6줄 이내로 짧게 써줘

큐티라라

밥
흰 그릇에 향기로운 밥을 담아
한 입 맛보면 고요한 행복이 번져
배부른 마음과 따뜻한 속 깊이 채워져
그 안에서 사랑과 정을 느낄 수 있어요
잔뜩 차있는 밥그릇 속에서
일상의 작은 기쁨과 만남이 이루어지고
매 식사마다 가족의 연결고리가 되어

⟳ 다시 생성

아래로 ↓

밥

흰 그릇에 향기로운 밥을 담아

한 입 맛보면 고요한 행복이 번져

배부른 마음과 따뜻한 속 깊이 채워져

그 안에서 사랑과 정을 느낄 수 있어요

잔뜩 차잇는 밥그릇 속에서

일상의 작은 기쁨과 만남이 이루어지고

매 식사마다 가족의 연결고리가 되어

미완의 시를 생성해 주었기에 다시 요청을 했습니다.

 위의 시를 완성된 형태로 다시 써줘

 밥
흰 그릇에 향기로운 밥을 담아
한 입 맛보면 고요한 행복이 번져
배부른 마음과 따뜻한 속 깊이 채워져
그 안에서 사랑과 정을 느낄 수 있어요
잔뜩 차있는 밥그릇 속에서
일상의 작은 기쁨과 만남이 이루어지고
매 식사마다 가족의 연결고리가 되어
우리 함께하는 시간을 귀중하게 여겨요

자, 이제 본격적으로 시 쓰기에 필요한 방법들을 알아보도록 하겠습니다.

"옆에 있는 듯 보여주라"는 시를 묘사하는 방법 중 하나입니다. 이 방법은 시에서 상상력을 자극하여 독자들에게 직관적인 이미지와 명확한 상황을 제공할 수 있게 합니다. 다양한 미적인 언어를 활용하여 시를 더욱 생생하게 만들어 주는데, 그 방법과 예시를 구체적으로 알아보겠습니다.

구성 원칙과 방법

"옆에 있는 듯 보여주라"는 시를 만드는 방법으로, 구성 원칙은 크게 다음 세 가지로 나눠 볼 수 있습니다.

1. **직관적인 표현력:** 강렬한 이미지와 보다 생생한 묘사를 제공함으로써 독자의 상상력을 자극하고, 시 전체에 대해 직관적으로 알 수 있게 합니다.

예시:

> "진한 안개 속에서 가라앉아 있는 나무
> 스스로 바라보지 못한 나를 닮아서
> 그 자리에 서있었다."

이 시는 직관적인 표현력을 가진 예시 중 하나로, 은유적인 표현과 실체적인 표현이 서로 어우러져 한 줄기 슬픔과 무력감을 담아내고 있습니다. 이 시는 마치 나무와 주인공이 서로 닮아서 함께 안개 속에서 갇혀있는 것처럼 느껴집니다. '진한 안개'는 '가라앉아 있는 나무'와 주인공, 둘 다 스스로를 바라보지 못하는 혼란스러운 상황을 부각합니다. 나무의 모습을 통해 스스로의 모습을 좀 더 잘 알아볼 수 있도록 간접적으로 표현하고 있습니다.

슬픔과 무력감이 전달됨으로써 독자들은 시 속 화자의 마음에 공감하게 됩니다. 이 시는 직관적이고 간결한 문장 구성과 함께 묘사와 비유 등 다양한 문장 표현 기법들을 활용해 조화롭게 표현하고 있습니다. 이를 통해 따뜻한 감성을 전달하며, 독자들에게 일시적으로 지나쳐가는 것이 아니라 더욱 깊이 느껴질 수 있도록 합니다.

2. 섬세한 미적 표현: 깊은 감정과 담백한 언어를 조화롭게 표현하여 자연스럽고 우아한 시의 흐름을 만들어 냅니다.

예시:

> "맑은 소리에 가슴이 시원해지면서
> 마치 자신의 고향에서 처음으로
> 우러러본 바다 같은 거친 풍경은 내 자유로움.
> 바깥의 세상으로 가는 길을 빛내어 주었다."

이 시는 맑은소리에 가슴이 시원해지는 것과 같은 상쾌한 감정에 빠졌을 때, 새로운 도전으로 나아가는 열망의 모습을 섬세하게 묘사하고 있습니다. "바다 같은 거친 풍경"은 새로운 도전을 향해 나아가는 열망을 표현하는 상징적인 요소입니다. 이러한 풍경은 독자들에게 강한 인상을 남기며, 이를 통해 시 전체 분위기를 강화합니다. 마지막으로 "길을 빛내어 주었다."는 나아가고자 하는 열망 그 자체를 빛내고, 새로운 도전에 대한 자신감을 부여합니다.

3. 다채로운 문장 구조: 각종 문장 구조를 적절히 활용하여 지루함을 덜어내고, 상황의 변화를 자연스럽게 표현합니다.

　"어제 꽃들은 떨어트리고

　먹구름은 가라앉혀 놓고

　무언가를 위해 고생하는 우리 속에서도

　마음속 한 별처럼

　언제나 예쁘게 빛나고 있었다."

　이 시는 직설적이면서도 다채로운 문장 구조를 활용하여 차분한 감성을 전달하고 있습니다. 꽃들이 떨어지고, 먹구름을 가라앉히고, 우리의 고생 속에서도 마음속에 한 별처럼 늘 예쁘게 빛나는 것을 묘사합니다. 때로는 우리가 지나칠 수 있는, 하지만 중요한 것들을 강조합니다. 열악한 환경에 처하더라도 자신의 마음을 잃지 않도록 합니다. 고통 속에서도 이를 이겨내고 마음속 한 별을 빛나게 하는 일에 집중할 필요성을 강조합니다.

　이 시는 다양한 문장 구조를 활용해 간결하지만, 매력적으로 표현하고 있습니다. 이러한 다채로운 구성은 작가의 감성과 열정을 글자마다 느끼게 합니다. 독자의 공감을 불러일으킴은 물론, 서사적 요소를 강화하여 독자에게 인상적인 경험을 선사합니다.

　지금까지 시를 구성하는 세 가지 원칙을 살펴봤습니다. 다음은 AI를 활용해 '바다'와 관련해 직관적인 표현력, 섬세한 미적 표현, 다채로운 문장 구조를 활용한 예시와 설명입니다.

1. 직관적인 표현력

　"바다는 참으로 광활하다.

내 맘에는 언제나 깊은 끝없이 펼쳐지는

파란색 무지개가 떠오른다."

이 시는 바다를 묘사한 것이지만, "참으로 광활하다."라는 직관적이면서도 감성적인 표현으로 바다의 광활함을 강조하고 있습니다. "깊은 끝없이 펼쳐지는 파란색 무지개"는 독자의 상상력을 자극하여 차분하면서도 아름다운 실루엣을 그리고 있습니다.

"바다가 열리는 그 순간

나는 태어난 순간처럼

불규칙한 심장박동을 이어가고

모든 것들이 부서지는 것 같은

내 감정을 견디며 살아남을 수 있다."

이 시는 바다를 보는 시점에서 '나'에게 초점을 맞춘 시입니다. 직관적인 표현을 군더더기 없이 사용하여 '열리는 그 순간'이라는 바다와 함께하는 순간을 의미 있게 표현하고 있습니다. 또한 '불규칙한 심장박동', '부서지는 것 같은 감정' 같은 상징적인 표현을 활용하여 직관적으로 표현함과 동시에 독자의 감성을 자극하고 있습니다.

2. 우아한 미적 표현

"창밖을 내다보면, 넓게 펼쳐진 바다가

봄 푸르름을 담은 노을빛에 담긴 슬픔

내뿜으며 파도를 일으키고 있었다."

"창밖을 내다보는데 바다가 멋진 노을 색으로 물든 채로 있다. 거칠게 설치고 있는 파도가 하늘까지 닿을 것만 같이 높았다." 이 시의 특징은 섬세한 미적 표현에 있습니다. '넓게 펼쳐진', '봄 푸르름을 담은', '노을빛에 담긴 슬픔' 등의 표현으로, 바다와 노을의 분위기를 극적으로 그리고 있습니다. 또한 '저녁노을 속'이라는 낭만적이면서도 아름다운 표현은 독자의 마음속에 낭만적인 실루엣을 떠오르게 합니다.

3. 다채로운 문장 구조

"바다는 내 앞에 파란색의 무대를 펼쳤다.
　그 작은 파도 하나하나가 이야기를 품고 있듯
　언덕처럼 괴어 바위와 길을 잃은 나그네와
　조용히 쓸쓸하게 날아가는 갈매기들까지
　하나의 풍경으로 춤추고 있었다."

이 시는 긴 문장 안에 여러 구절을 담아낸 다채로운 문장 구조를 갖추고 있습니다. 이 시에서는 바다가 매우 아름다운 파란색의 무대처럼 보인다는 것을 묘사하고 있습니다. 작은 파도 하나하나에도 이야기를 담았습니다. 바다에서는 언덕과 바위, 그리고 길을 잃은 나그네와 갈매기들이 모두 하나의 풍경으로 춤추고 있어, 그 아름다움이 더욱 부각됩니다. 이 시는 자연의 아름다움과 그 속에서 발견되는 감성적인 순간들을 담고 있습니다.

미드저니 프롬프트

an oil painting of gulls flying above the ocean, in the style of highly detailed environments, monumental vistas, naturalistic ocean waves, california plein air, historical illustration, scottish landscapes, ink wash painting --ar 3:2

시를 쓸 때 '옆에 있는 듯 보여주기'를 활용하면 이미지가 생생하며, 강렬한 인상을 줄 수 있습니다. 이는 실제 경험에 기반을 두고, 상상력과 문학적 재능을 통해 독자들에게 그림 같은 세상을 전달할 수 있습니다. 이 방법을 사용하면, 독창적인 시를 쓸 수 있습니다.

≫ '직관적인 표현력'과 '섬세한 미적 표현'을 동시에 활용한 좋은 예시

"끝없이 펼쳐진 사막 위에서, 나는 마치 죽을 것 같은 고요함과 함께,

끓어오르는 열기에 시달리고 있었다."

'다채로운 문장 구조'를 추가하려면 다음과 같이 바꾸어 볼 수 있습니다.

"끝없이 펼쳐진 사막 위에서 나는, 죽을 것만 같은 고요함과 함께 열기에
시달리고 있었다. 이러한 나의 모습은 마치 죽음과 삶, 폭력과 평화가 서로
맞붙는 듯 편견 없는 이들의 마음을 사로잡았다."

Part 2

—

시에
숨결 불어넣기

5차시

살아 움직이게 하는 - 이미지

문학적 용어로서 이미지는 크게 세 가지 의미로 사용됩니다.

시적 이미지 Poetic Image: 시인의 상상력이나 경험에서 비롯된 강렬한 이미지를 통해 독자의 감성과 상상력을 자극하는 것을 말합니다. 이러한 이미지는 독자의 상상력에 깊이 새겨지는 인상을 남기며, 시의 분위기나 표현력을 높여줍니다.

서사적 이미지 Narrative Image: 서사시나 소설, 희곡 등 서사적 문장에서 사용되는 이미지를 말합니다. 인물, 장소, 사물 등을 묘사하는 데 사용되며, 작품의 의미나 주제를 강조하는 역할을 합니다.

비주얼 이미지 Visual Image: 작품에서 묘사된 이미지가 아닌, 독자의 시각과 관련된 이미지를 말합니다. 즉, 독자가 작품에서 묘사된 장면을 상상하며 떠올리는 이미지를 말합니다. 이러한 비주얼 이미지는 작가나 시인의 인상이나 감정을 받아들이는 데 영향을 미치며, 독자의 상상력과 감정을 자극함으로써 작품에 깊이 빠지도록 할 수 있습니다.

흔히 말하는 '심상'이라고 말하는 '이미지'는 시를 읽을 때 마음속에 어떤 형상이 떠오르는 것을 말합니다. 시인이 이미지를 효과적으로 사용하면, 독자의 감각을 자극해 시에 풍경, 맛, 냄새, 소리, 내부와 외부 감정, 심지어 내면적인 감정까지 전달할 수 있습니다. 이미지를 통해 전해지는 감각적인 세부 사항들은 작품을 생동감 있게 만듭니다

이미지는 시의 화자가 체험하는 감정과 미적 감각을 독자에게 더욱 명확하게 전달하기 위해 사용합니다. 시인들은 이를 위해 비유, 직유, 의인화, 과장 등과 같은 언어 기법을 사용합니다. 이러한 이미지들은 독자에게 특별한 인상을 심어 줍니다. 독자들의 개별적인 생각과 경험과 연결되어 각자의 상상 속에서 관련된 이미지로 연결될 수 있게 합니다.

이미지를 사용하는 것은 시의 화자와 독자 사이에 강력한 감정적인 연결을 형성하는 데에도 도움이 됩니다. 예를 들어, 시인 시비아 플라스가 〈Daddy〉라는 시에서 나치 독일과 관련된 이미지를 사용하여 그녀의 아버지를 묘사합니다. 이러한 이미지들은 어두우면서도 독자의 호기심을 자극하고 논란을 일으킵니다. 또 다른 시인 토마스 하디의 〈Rain on a Grave〉라는 시에서는 자연적인 이미지를 사용하여 아내의 죽음과 자신의 정신적, 감정적 상태를 묘사합니다. 시의 마지막 부분에 "비가 그치고 해가 뜰 때를 상상"합니다. 날씨가 따뜻해지면 별처럼 보이는 데이지꽃과 함께 아내의 흙더미에서 풀이 자랄 것으로 묘사합니다. 이러한 이미지들은 독자에게 희망적인 분위기를 전달하며 시의 결말을 낙관적으로 표현합니다.

각각의 이미지에 대한 예시는 다음과 같습니다.

1. **시각적 이미지:** 색깔이나 모양, 움직임 등을 눈으로 볼 수 있는 모든 것을 포함

합니다. 말 그대로 시각적으로 나타낼 수 있는 이미지이기 때문에 시에서 가장 많이 활용되는 감각 중 하나입니다.

다음과 같은 예시를 들 수 있습니다.
1) 석양이 떨어지는 바다의 풍경-푸른 바다, 붉으스름한 태양
2) 비바람에 불편한 표정으로 걷는 사람들-흩어져 가는 바람
3) 숲속에서 빛나는 작은 불빛들-노란 불빛
4) 구름이 모여 서로 다투는 모습-엉켜있는 구름들-뒤엉킨 구름
5) 붉은 달이 뜨는 저녁노을-붉게 물든 저녁노을
6) 흐린 날 그림자 없이 한없이 펼쳐진 메타세쿼이아-길게 곧게 뻗은 초록 길

시각적 이미지를 넣어 AI에게 시 한 편 부탁해 볼까요?

 석양이 떨어지는 바다의 풍경처럼 시각적인 이미지를 넣어 시 한 편 써줘. 공간은 석양이 떨어지는 바닷가야. 이제 다시는 안 만나기로 한 연인들의 쓸쓸한 마음을 담을 시를 써줘. 제목 넣고 줄 바꾸기 해서 6줄 이내의 시를 써줘.

 제목: 이별의 석양
석양이 떨어지는 바닷가, 우리 함께 걸었던 길
쓸쓸하고 고요한 마음, 다시 만나지 않기로 한 우리
파도 소리와 함께 흐릿한 추억 스쳐 지나가네
사라진 사랑, 남은 비움으로 우리 헤어져야만 했던 건가
바다와 석양이 어울려 애절함 감싸주며
남은 아픔을 서로에게 간직해

AI 뤼튼이 만들어 준 시를 조금 수정했습니다.

석양과 이별의 서곡

바다 위로 떠오르는 석양 저물기 시작하네.

차가운 파도와 함께 쓸쓸한 저녁 찾아왔네.

나 그대와 바다 위에 함께 있을 때

같은 바람을 맞으며 서로를 바라봤었지.

이제는 그대와 같은 시간은 돌아오지 않네.

그저 추억을 떠올리며 홀로 침묵에 잠길 뿐

바다 위로 내려오는 어둠과 함께

우리의 사랑도 그저 추억으로 남겠지.

2. 청각적 이미지: 글이나 시를 통해 듣는 이들에게 생생한 소리와 음악의 느낌을 전달하는 것을 말합니다. 이는 독자 또는 청자의 상상력과 감정을 자극하여 작품 속의 장면이나 분위기를 더욱 생동감 있게 만들어줍니다. 소리처럼 귀로 느낄 수 있는 이미지를 말합니다.

 예를 들어, 다음은 청각적 이미지가 담긴 예시입니다:
1. "비 오는 날, 빗방울이 창문에 두둑히 쿵쾅거린다."
   • 비가 창문에 떨어지면서 만드는 쿵쾅거리는 소리를 상상할 수 있습니다.
2. "바람이 바람개비를 돌릴 때마다 윙윙거리며 나른한 날씨를 알린다."
   • 바람이 바람개비를 돌릴 때 나오는 윙윙거리며 울려퍼지는 소리가 들립니다.
3. "숲에서 나무 잎사귀가 부서져서 내려오면서 스르륵 하고 지나간다."
   • 숲에서 부러진 나뭇잎이 내려오면서 스르륵 하고 움직이며 지나가는 소리가 들립니다.
4. "노래하는 새들의 목소리로 가득 찬 아침 공기."
   • 조용한 아침에 새들이 목소리로 가득한 공기의 싱그러움을 상상할 수 있습니다.

1) 새들의 지저귀는 소리-깍깍, 짹짹

2) 기침 소리-콜록콜록

3) 부는 바람에 나뭇잎이 스치는 소리-바스락

4) 그릇들이 가볍게 부딪쳐서 나는 소리-달그락달그락

5) 굽 있는 구두를 신고 걷는 소리-또각또각

6) 죽이나 국을 마시는 소리-후루룩

위의 청각적 이미지의 예시 중 3번 "숲에서 나무 잎사귀가 부서져서 내려오면서 스르륵 하고 지나간다."를 갖고 "청각적 이미지를 넣어 시 한 편 써줘. 잎사귀 소리가 사랑하는 임이 오는 소리인 줄 알고 착각한 내용"으로 AI에게 시 한 편 써 달라고 요청했습니다.

 "숲에서 나무 잎사귀가 부서져서 내려오면서 스르륵 하고 지나간다."를 갖고 "청각적 이미지를 넣어 시 한 편 써줘. 잎사귀 소리가 사랑하는 임이 오는 소리인 줄 알고 착각한 내용"으로 시 한 편 써줘. 6줄 이내로 함축적으로 써주고, 제목도 달아줘. 제목 쓰고 줄바꾸기 해서 6행되는 시를 써줘. 청각적 이미지를 넣어서 써줘

 제목: 잘못된 소리의 약속
잎사귀가 부서져 내려오는 숲에서
스르륵하고 지나가는 소리에 내 맘 설레였어
그 소리를 사랑하는 임이 오는 소리로 착각했지
그저 나뭇잎의 춤일 뿐인데도 난 기뻐했어
그러나 현실은 다른데, 너와의 약속은 깨져버렸어
마음속으로 희망을 품었다가 실망에 가득 찼어
잎사귀 스르륵거림이 이별을 예고한 건지 몰랐어
아쉬움과 아픔으로 가득한 이 순간, 나는 서러웠어

다음은 AI가 지어준 시를 수정한 시입니다.

착각하다

잎사귀 부서져 내려오는 숲 속

스르륵하고 지나가는 소리에 설레였지

착각이었어, 사랑하는 임이 오는 소리로

그저 나뭇잎의 춤일뿐인데도 난 기뻐했어

현실은 다른데, 너와의 약속은 깨져버렸어

아쉬움과 아픔으로 물든 순간

내 마음에 비처럼 쏟아진 서러움

3. 후각적 이미지: 냄새나 향기와 같은 코로 느낄 수 있는 이미지를 말합니다. 독자의 감각을 자극하여 상황이나 환경을 더 생생하게 떠올리도록 도와줍니다. 가끔 음식과 관련된 이미지가 사용됩니다. 다음의 예시를 보겠습니다.

 안녕하세요! 후각적 이미지의 예시를 드리겠습니다.

1. "바닷가에서 씻은 바람에 느껴지는 소금냄새가 상쾌하게 퍼져나간다."
2. "구워진 빵의 달콤하고 따뜻한 향기가 가득했다."
3. "캠프파이어 주변에서 나는 나무와 잔디의 황록색과 자작나무의 향기로 가득 차 있다."
4. "푸른 잔디밭 위에 놓인 선인장이 독특한 식물 향기를 풍긴다."
5. "꽃들 사이로 지나갈 때마다 감미로운 꽃향기가 코끝을 스치고 지나간다."

위 예시들은 각각 바닷가, 구워진 빵, 야외 환경, 식물, 꽃과 관련된 후각적 이미지입니다. 이러한 이미지를 사용하면 독자들은 글을 읽으면서 실제로 그 냄새와 향기를 상상할 수 있게 됩니다. 후각적 이미지는 글을 생생하고 다양한 감각으로 전달하는 데 큰 역할을 합니다.

1) 카페에서 느껴지는 따뜻한 커피향–헤즐럿 향기

2) 초록색 잔디 냄새–상쾌한 풀냄새

3) 된장찌개 냄새–친근한 구수한 냄새

4) 향긋한 시나몬향이 어우러진 과자 냄새-추억을 떠올리게 하는 계피 향기

5) 싱그러운 레몬향이 나는 청량음료-상큼한 레몬 냄새

6) 상쾌한 민트향이 풍기는 면도 비누-싱싱한 민트 향기

리튼 AI에게 시 한 편 써달라고 프롬프트를 넣은 것입니다.

 "캠프파이어 주변에서 나는 나무와 잔디의 황록색과 자작나무의 향기로 가득 차 있다."-대학 때 캠프파이어 하며 친구들이랑 놀았던 추억을 담아 우정에 관한 시를 써줘. 제목도 넣고 줄 바꾸어 6줄 이내의 짧은 시를 후각적 이미지를 넣어 써줘.

 제목: 친구와 함께한 캠프파이어
캠프파이어 주변에는 잔디의 황록색
자작나무 향기로 가득 차 있었지
우리 친구들과 함께 놀던 그 때의 추억은
따스한 우정으로 가득했어
불꽃을 바라보며 이야기를 나누고
밤하늘의 별들이 우리를 비추었을 때
영원히 간직할 우정의 순간들이었어

AI가 지어준 시를 조금 수정했습니다.

추억은 향기로 남다

캠프파이어 주변, 황록의 잔디와 자작나무 향기

친구들과 함께한 그때의 추억은

따스한 우정으로 가득했어

불꽃 바라보며 나누던 이야기

별들이 비추는 밤하늘 속에서

영원히 간직할 소중한 순간들이야

제목이 마음에 안 들면 AI한테 명령어를 다시 넣으면 됩니다.

4. 미각적 이미지: '단짠단짠'과 같은 단맛, 짠맛, 신맛 등 혀로 느끼는 이미지를
말합니다.

　1) 달콤함이 매력적인 초콜릿 맛–단맛

　2) 웅담, 소태나무–쓴 맛

　3) 청포도의 맛–시큼달콤한 맛

　4) 땅의 향미가 가득한 당근의 맛–깊은 단맛

　5) 칠리 고추맛–매운맛

　6) 소금빵–짠맛

AI에게 다음과 같이 질문했습니다.

 4. 미각적 이미지: '단짠단짠'과 같은 단맛, 짠맛, 신맛 등 혀로 느끼는 이미지를 말합니다.
1. 달콤함이 매력적인 초콜릿 맛–단맛
2. 웅담, 소태나무–쓴 맛
3. 청포도의 맛–시큼달콤한 맛
4. 땅의 향미가 가득한 당근의 맛–깊은 단맛
5. 칠리 고추맛–매운맛
6. 소금빵–짠맛 등과 같은 예시 중에서 '칠리 고추의 매운 맛'을 담은 세상살이의 고단함을 표
　현한 시를 써줘. 제목을 넣고 줄바꾸기 해서 6줄 이내로 써줘. 사람들이 공감할 수 있는 시
　를 써줘.

 제목: 칠리 고추의 맛으로 배운 인생의 교훈
처음에는 도전의 열망이 불꽃처럼 피어났어
선배가 말한 칠리 고추를 먹어보라고
그 맛은 혀끝이 얼얼한 고단한 맛이었지
내 삶은 그렇게 매운 칠리 고추처럼
돌부리에 넘어지고 자갈에 미끄러지며
엎치락뒤치락 상처 투성이였지

> 누구나 싫어하는 맵고 씁쓸한 맛을 갖고 있었지만
> 그것을 먹어보기 전까진 진짜 맛있는 것을 알 수 없다는 걸 깨달았어
> 그래서 나는 차분히 살아가면서
> 인생의 교훈을 하나씩 배워나가고 있지

조금 수정하면 다음과 같습니다.

칠리 고추를 먹어보라는 선배에게

처음에는 도전의 열망이 불꽃처럼 피어났지.

칠리 고추를 먹어보라는 말

그 맛은 혀끝이 얼얼한 고단한 맛이었지.

내 삶은 매운 칠리 고추

돌부리에 넘어지고 자갈에 미끌어지고

엎치락뒤치락 상처 투성이었지.

누구나 먹고 싶지 않은 맵고 씁쓸한 맛.

그 맛을 먹어보지 않으면

진짜 맛있는 것을 놓치기에

묵묵히 살아가고 있지.

5. 촉각 이미지: 시적 표현에서 무언가의 감촉예: 차가움, 뜨거움, 부드러움, 거침 등을 전달합니다. 시에서는 감정과 연결된 감각적인 표현이 많습니다.

> • 촉각 이미지: 시적 표현에서 무언가의 감촉(예: 차가움, 뜨거움, 부드러움, 거침 등)을 전달합니다. 시에서는 감 정과 연결된 감각적인 표현이 많습니다. —촉각 이미지의 구체적인 예시를 들어줘!

1. 차가운 바람이 피부를 스쳐지나가는 시원함

2. 뜨거운 커피잔을 손으로 감싸는 따뜻함

3. 부드러운 꽃잎이 손에 스치는 촉촉한 감촉

4. 거친 모래사장을 맨 발로 밟는 진한 힘격

5. 얇고 가벼운 실크 소재가 피부에 닿아주는 부드러움

위의 예시들은 시적인 표현에서 사용될 수 있는 다양한 촉각 이미지입니다. 이러한 이미지들은 독자들에게 심미적인 경험과 감정을 전달하며, 시의 강도와 느낌을 더욱 극대화할 수 있습니다.

 '무거운 털이 닿는 감촉에 고양이를 쓰다듬고 있자 마음이 다정해졌다.'를 갖고 촉각적인 이미지를 넣어 시 한 편 써줘. 회사에서 해고 통보를 받고 울적해 있는 상황이야. 그런데 우리집 고양이가 내 발을 핥고 있어. 고양이를 쓰다듬고 있자니 잠시나마 마음이 편안해졌어. 고양이의 부드러운 털의 감촉으로 마음이 따뜻해진 듯해. 그런 내용을 담은 시 한 편을 촉각적 이미지를 넣어 써줘. 제목도 붙여서 멋지게 한편 부탁해

 제목: 고양이의 달콤한 치유

회사에서 해고 통보를 받은 날,
울적한 마음으로 앉아있던 나에게
우리집 고양이가 다가와 발을 핥았어
무거운 털이 닿는 감촉에 마음이 다정해지며
고양이를 쓰다듬는 손길로 잠시나마 위로받았어
부드러운 털의 감촉으로 마음은 따뜻해져
고난과 어려움을 잊게 만들어주었어
고양이의 순수한 눈빛과 부드러운 촉감은
내 안에 있는 상처를 치유해주었고,
그 속에서 나는 다시 일어날 힘을 얻었어

AI가 생성해 준 시를 다음과 같이 수정했습니다.

냥이가 힐링해 주다

어쩔 수 없는 해고 통보받던 날

상처뿐인 마음 언제나 처량해.

내게 던져진 고독한 저녁

우리 집 고양이 내 발 다가와 핥아 주네.

쓸쓸함을 알아채 따뜻하게 감싸고

부드러운 털의 감촉, 내 마음 가볍게 해주네.

냥이 쓰다듬으며 편안해진 나

6. 공감각적 이미지: '푸른 종소리'처럼 시각적 이미지가 청각적 이미지로 전이되는 것을 말합니다. 하나의 감각을 다른 종류의 감각으로 옮겨서 표현하는 이미지를 지칭합니다. 금빛 게으른 울음^{청각의 시각화}과 같은 것입니다.

 6. 공감각적 이미지: '푸른 종소리'처럼 시각적 이미지가 청각적 이미지로 전이되는 것을 말합니다. 하나의 감각을 다른 종류의 감각으로 옮겨서 표현하는 이미지를 지칭합니다. 금빛 게으른 울음(청각의 시각화)과 같은 것입니다. 공감각 이미지의 예시를 써줘

 죄송합니다, 위의 예시들은 이미 이전에 제시된 예시들과 중복되는 내용입니다. 다른 공감각적 이미지의 예시를 드리겠습니다.

1. 새하얀 노래 (청각의 시각화)
2. 달콤한 색깔 (맛의 시각화)
3. 차가운 햇살 (온기의 시각화)
4. 부드러운 소리로 말해주는 바람 (청각의 촉각화)
5. 격렬한 미묘함 (미적 감정의 청각화)

위의 예시들은 하나의 감각을 다른 종류의 감각으로 옮겨서 표현하는 공감각적 이미지를 보여줍니다. 이러한 이미지들은 독자들에게 상상력과 감정을 자극하여 시적인 경험을 더욱 풍부하게 만들어줄 수 있습니다.

AI가 정확한 답을 주지는 않습니다. 예측해서 내놓을 뿐이니까요. 제시한 자료를 활용할 때는 정확한지, 신뢰할 만한지 확인하는 것이 중요합니다. AI가

찾아준 자료는 만족스럽지 않았습니다. 수능 국어 영역에서 소개된 예시를 안내합니다.

1) 분수처럼 흩어지는 푸른 종소리—청각의 시각화

2) 여인의 옷 벗는 소리—시각의 청각화

3) 안개 같은 물 냄새—후각의 시각화

4) 금으로 타는 태양의 즐거운 울림—시각의 청각화

5) 새파란 초생달이 시리다—시각의 촉각화

6) 가을밤같이 차게 울었다—청각의 촉각화

안개 같은 물 냄새 헤매이며 찾던 너를
임은 떠나간들 나를 탓해요
이것을 이어서 공감각 이미지를 넣어 6줄 이내의 시 한 편 써줘. 제목을 붙이고 줄 바꾸기해서 시 한 편 써줘. 제목을 넣어 써줘.

제목: 안개 속에서의 고독

안개 같은 물 냄새 헤매이며 찾던 너를
임은 떠나간들 나를 탓해요
손끝으로 만져본 그리움은
촉각의 꿈처럼 흐릿한 기억이 되어
차가운 바람이 내 맘이란 걸 알면서도
고요한 밤에는 청각에 안개가 번져
잊혀지지 않는 너의 목소리가
내 마음을 부드럽게 감싸주네

AI에게 공감각 이미지를 활용해 시 한 편 써달라고 했습니다.

위의 시를 수정해봤습니다.

안개 속을 헤매다

임은 떠나간 나를 탓해요.

새벽빛 보듬으며 지친 눈을 쉰답니다.

한없이 멀어지는 숨 막히는 강가

무얼 찾고 있는 걸까요

상실의 아픔 따위는

강물 냄새로 기억하리

두 손 꼭 매었던 너의 손길

이젠 찾을 수 없어요

안개 같은 물 냄새 맡으며

나만의 기억으로 남기려 해요

"안개 같은 물 냄새 맡으며"라는 공감각적 이미지를 사용해 이별의 아픔을 현실감 있게 나타내고 있습니다.

a oil painting of girl standing in water, in the style of vibrant fantasy landscapes, tonalist, speedpainting, light amber and magenta, oil portraitures, paintings, romantic conception --ar 2:3

이렇게 다양한 이미지를 사용하는 이유는 독자들에게 직접적으로 감각적인 자극을 줄 수 있기 때문입니다. 이미지를 활용하면 쉽게 시의 분위기와 내용을 이해할 수 있도록 만듭니다. 게다가 이미지는 메시지를 강화하는 데 도움을 줌으로써 독자들에게 지속적인 반응을 유도할 수 있습니다.

6차시

인상을 분명하게 – 비유하기

시의 본질은 독자의 마음에 생생한 이미지와 깊은 감정을 불러일으키는 데 있습니다. 이를 위해 시인이 사용하는 가장 강력한 도구 중 하나는 비유하기입니다. 추상적 관념을 구체적 대상에 빗대어 표현합니다. 비유하기를 활용하면 시의 의미를 풍부하게 할 뿐만 아니라 인상을 분명하게 나타냅니다. 비유하기의 한 방법인 직유법, 은유법, 의인법, 활유법을 설명해 보겠습니다. 아울러 글의 감칠맛을 더하는 유의어 사용과 음성상징어에 대해서도 언급하고자 합니다.

1. **직유법:** 직유는 "~처럼" 또는 "~같이"를 사용하여 두 개의 별개의 대상이나 아이디어를 직접 비교하는 것입니다. 직유를 사용함으로써 시인은 독자의 이해를 높이고 선명한 이미지를 만듭니다.

사례 1: "그녀의 미소는 아침 햇살처럼 밝았다."

　　→ 이 직유에서 시인은 미소의 광채를 아침 햇살의 찬란함과 비교하여 미소의 빛나는 특성을 강조합니다.

사례 2: "강은 뱀처럼 계곡을 구불구불 흘렀다."

→ 이 직유는 강의 움직임을 뱀의 움직임에 비유하여 강의 흐름의 유동적이고 구불구불한 특성을 생생하게 포착합니다.

 직유법은 "~처럼" 또는 "~같이"를 사용해 두 개의 별개의 대상이나 아이디어를 직접 비교하는 것을 말해. 강의 흐름을 직유법을 써서 시 한편 써줘. 제목도 넣어 6줄 이내로 짧은 시를 써줘

 강물처럼 흐르는 지식

강물처럼 흐르는 강의 속,
지식이 바다로 쏟아져.
책장 하나, 하나마다,
물결 같은 호기심으로 차올라.
학생들은 갈매기처럼,
지식의 하늘을 날아다닌다.

 지식의 흐름

강물처럼 흐르는 강의,
물결 같은 호기심 속,
학생들은 지식을 탐해.

AI로 생성한 시에 경험을 넣어 써달라고 부탁해 봤습니다.

 지식과 경험의 물결

강물처럼 흐르는 지식의 흐름,
서투른 발걸음이 경험으로 변해.
처음엔 작은 시냇물 같았지만,
끊임없는 학습으로 바다가 되어.

서서히 깊어지는 인생의 바다,
경험의 파도가 지식의 해안을 적시다.
무수한 별들 아래, 밤하늘처럼,

지식과 경험은 무한한 우주를 펼쳐.
함께 꿈을 그리며 걸어가는,
끝없는 여행의 시작이다.

2. 은유법: 서로 다른 두 가지를 직접적으로 동일시하여 직유를 넘어서서 둘 사이의 더 깊은 연결을 암시합니다. 은유법은 시인들이 그들의 작품에 상징과 추상적인 의미를 불어넣을 수 있도록 합니다.

사례 1: "시간은 우리의 손아귀에서 순간을 훔치는 끈질긴 도둑입니다."

→ 이 은유에서 시간은 도둑으로 의인화되어 멈출 수 없고 끈질긴 시간을 시적으로 강조합니다.

사례 2: "도시는 살아 숨 쉬는 유기체입니다."

→ 이 은유는 도시를 살아 있는 존재로 변형시켜 분주한 활동, 성장 및 복잡성을 암시합니다.

 은유, 메타포를 넣어 '도시는 살아있는 유기체'란 주제로 6줄의 시를 써줘. 경험을 넣고 제목을 넣어줘!

 도시의 숨결
도시는 큰 심장처럼 뛰어,
그 거리는 피로 가득 차 있다.
빌딩들은 뼈와 같이 솟아오르고,
차들의 소리는 도시의 숨결 같다.
각 거리는 경험의 혈관을 뻗어,
삶의 터전으로 서로를 연결한다.

많은 사람들이 직유와 은유를 구별하는 데 어려움을 겪습니다. 직유는 라틴 단어 similis"비슷한, 같은"을 의미에서 온 것으로, 일반적으로 '~처럼' 또는 '~같이'로 표현됩니다. 반면에 은유는 그리스 단어 metapherein"이동하다"에서 유래했으며,

은유는 어떤 것 대신에 사용됩니다.

직유: 그가 화를 낼 때는 호랑이 같아.

은유: 화나면 호랑이야.

3. 의인법: 인간이 아닌, 개체에 인간의 특성을 부여하는 것을 말합니다. 사람이 아닌 것을 사람처럼 표현하는 것이지요. 의인법을 사용해 독자의 시선을 끌 수가 있습니다. 시인에게 무생물이나 추상적인 개념에 생명을 불어넣는 힘을 줍니다.

사례 1: "바람은 고대 나무 사이로 비밀을 속삭였습니다."

　　→ 여기에서 바람은 인간의 비밀을 속삭이고 공유할 수 있는 능력을 부여받음으로써 의인화되어 신비로움과 경이로움을 자아냅니다.

사례 2: "달의 부드러운 시선 아래 파도가 즐겁게 춤을 췄다."

　　→ 파도를 의인화하면, 독자는 바다를 달의 영향에 우아하게 반응하는 즐거운 춤추는 사람으로 상상할 수 있습니다.

 사람이 아닌 것을 사람처럼 표현하는 것을 의인법이라고 해. "바람은 고대 나무 사이로 비밀을 속삭였습니다." 라는 내용으로 의인법을 넣어 짧게 시를 써줘. 6줄 이내로 써주고 제목도 붙여줘

 비밀의 속삭임
바람은 고대 나무에게로 스며들며,
비밀스런 이야기를 전하였다.
나무들은 귓속말로 응답하고,
그들만의 언어로 대화를 나눴다.

누구도 알 수 없는 그들의 대화,
자연의 영원한 비밀로 남아있다.

4. 활유법: 무생물을 생물인 것처럼, 감정이 없는 것을 감정이 있는 것처럼 표현하는 수사법을 말합니다. 흥미롭고 생동감 있게 만들고, 독자나 청자의 더 큰 공감을 이끌어 내는 데 활용됩니다. 예시를 들어보겠습니다.

햇빛을 비유적으로 살펴볼 때, "햇살은 유난히 늘씬해서 가늘고 긴 다리를 가지고 지구를 한 바퀴 돕니다."라고 표현하는 것입니다. 이처럼 햇살을 가늘고 긴 다리를 가진 생물로 표현하여 상상력을 자극하고 이해를 돕습니다.

또 다른 예시로, "시계의 바늘이 꼬리를 치며 지금은 밤 12시를 가리키고 있었다."입니다. 시계 바늘이 꼬리를 치는 모습을 생각하면, 마치 동물의 꼬리를 흔드는 것과 같은 느낌이 들어 생동감 있는 상황을 묘사할 수 있습니다.

활유법은 비유적 표현 방법 중 하나로 상상력과 창의성을 높이는 데 큰 역할을 합니다. 활유법을 활용한 문장은 자연스럽고 생동감 있으며, 독자나 청자의 공감을 이끌어 냅니다. 하지만 모든 화자가 자유롭게 활용할 수 있는 쉬운 스킬은 아니기 때문에, 적절한 상황에서 자연스럽게 적용할 수 있도록 많은 연습이 필요합니다.

 무생물을 생물인 것처럼, 감정이 없는 것을 감정이 있는 것처럼 표현하는 수사법이 활유법이야. 햇살을 긴 다리를 가진 생물로 나타내줘. 활유법을 활용해 6줄로 경험이 들어간 시를 써줘. 제목을 붙여주고 공감을 얻을 수 있는 내용의 시를 써줘.

 햇살의 품격
길다란 다리를 가진 햇살이,
아침을 밟아 나타나면,
세상은 그의 포옹을 경험한다.
그림자로서의 고독을 감추며,

우리의 일상에 따뜻함을 안겨주고,
생명의 은총처럼 가슴을 채운다.

5. 음성상징어: 비유하기에는 독자에게 강렬한 인상을 남기기 위해 유의어를 사용하거나 음성상징어를 활용합니다.

* 유의어 사용: 아이디어나 감정을 강화하기 위해 유사한 의미를 가진 여러 단어를 사용하는 것을 포함합니다. 동의어를 사용함으로써 시인은 표현에 깊이와 강렬함을 더합니다.

사례 1: "그녀의 웃음은 명랑하고 쾌활하며, 환희로 가득 차 있었다."
→ 여성의 웃음을 묘사하기 위해 동의어 '명랑', '쾌활', '환희'를 사용하여 그녀가 발산하는 기쁨을 강화합니다.

사례 2: "숲은 어둡고 어둑했으며, 그림자에 가려져 있었습니다."
→ 이 경우 '어둡다', '어둑하다', '그림자'는 숲의 신비하고 불길한 분위기를 강조합니다.

* 음성상징어 활용: 시의 음악성과 리듬을 향상시키기 위해 사용합니다. 의성어와 의태어를 합친 걸 말합니다. 의성어는 사물 또는 사람의 소리를 흉내 낸 말을 뜻합니다. 의태어는 사람 또는 사물의 움직임이나 행동 등을 흉내 내어 표현합니다. 음성성징어를 활용하면 독자들에게 시각적 또는 청각적 경험을 만들어 더욱 기억에 남고 매력적으로 다가오게 만듭니다.

사례 1: "뱀의 쉭쉭, 쉭쉭 거리는 속삭임이 그녀의 등골을 오싹하게 만들었습니다."
→ "쉭쉭"을 반복해 씀으로써 뱀의 쉭쉭 거리는 소리를 피부로 느끼게 해 으스스한 분위기를 보여줍니다.

사례 2: "거칠게 부서지는 파도가 철썩철썩 끊임없는 리듬으로 해안을 애무했습니다."

→ '철썩'이란 단어를 사용해 파도 소리를 흉내 내어 독자로 하여금 마치 바다에 있는 듯한 느낌을 갖게 합니다.

이용악 시인의 〈그리움〉이라는 시를 볼까요.

"험한 벼랑을 굽이굽이 돌아간
백무선 철길 위에
느릿느릿 밤새어 달리는
화물차의 검은 지붕에"

'느릿느릿'은 의태어로서 행동이 빠르지 못하고 매우 느린 모습을 나타내고 있습니다.

비유하기는 감정을 불러일으키고, 생생한 이미지를 만들고, 서로 다른 개념들을 연결시킵니다. 직유법, 은유법, 의인법, 유의어 사용 및 음성상징어는 시인이 매력적이고 독창적인 시를 만드는 데 기여합니다. 이러한 비유하기의 기법을 효과적으로 이해하고 사용함으로써 시인은 강렬한 인상을 줄 수 있습니다. 아울러 독자를 시인의 말을 통해 아름다움과 깨달음의 여정으로 안내할 수 있습니다.

 인간관계에서 뿌리가 되는 가족을 주제로 시를 쓰려고 해. 연쇄법과 점층법을 넣어 시를 써줘. 제목과 함께 8줄 정도로 함축적으로 써줘

제목: "우정의 꽃"

우정은 마음의 정원에 피는 꽃,
서로를 비추며 아름다움을 나누어준다.
쓸쓸한 길에 함께 걷던 발자국이,
마음 속 깊은 곳에서 우리를 안아주네.
친구여, 너와 나는 우정의 의인법,
서로를 이해하고 믿음을 심어주는 존재.
함께하는 시간이 향기로워 만드는 것처럼,
끝없이 피어나는 우정의 꽃으로 남아있자.

AI가 생성해 준 시를 시인의 생각을 넣어 다시 수정해 보겠습니다.

산과 꽃이 되다

우정은 산과 꽃이 되어

서로를 봄처럼 비춰주네

함께한 순간을 추억의 정원에 심어

향기로운 우정의 꽃을 피우네

친구여, 너와 나는 우정의 의인

마음을 나누고 믿음을 심어주는 존재네

우리의 이야기는 산과 꽃처럼 아름답게

계속 피어나는 우정의 정원을 만드네

미드저니 프롬프트

watercolor painting of mountains and flowers, in the style of detailed landscapes, lively nature scenes, whistlerian, romantic riverscapes, pink and blue, contest winner, lively landscapes --ar 2:3

7차시

강하고 절실하게 – 강조하기

표현하고자 하는 대상의 특정 부분을 부각하거나 강조해, 독자에게 인상 깊게 전달하고자 할 때 강조하기를 활용합니다. 강조하기의 예는 다음과 같습니다.

1. **반복법:** 언어에 반복되는 단어나 문장을 사용해 강조하는 기법입니다. 같은 단어나 구절, 문장을 여러 번 반복함으로써 독자의 인식이나 감정에 강한 인상을 심어줍니다. 같거나 비슷한 말을 사용해 의미를 강조합니다. 예를 들어, "나만 바라보는 눈빛, 나만 듣는 노래"와 같이 '나만'이라는 시어를 반복하여 나의 중요성을 강조할 수 있습니다.

 나는 시인이야. 내가 쓰려는 시의 주제는 '글쓰기의 기쁨'이야. 반복법을 사용해 글쓰기의 기쁨이 담긴 시 한 편 써줘. 제목을 넣어 8줄 이내의 시를 써줘

 제목: "문자의 춤"
글쓰기는 마음의 춤이야.
단어들이 흘러나와 새로운 세계를 만든다.

마음 속에 감춰진 이야기가,
키보드를 타고 펼쳐져 나간다.
한 줄 한 줄, 문장들이 춤을 추며,
감정과 생각을 자유롭게 표현한다.
글자 하나하나가 살아 숨쉬며,
기쁨으로 가득한 글의 세계를 만든다.
마치 무수한 별들이 빛나는 밤처럼,
글쓰기의 기쁨은 저 하늘에 피어난다.

반복법이 사용되지 않아서 다시 요청했습니다.

위의 시를 반복법을 담아 다시 써줘. 글쓰기의 기쁨이라든가, 나의 손가락이 반복되도록 8줄 이내로 써줘

제목: "글쓰기의 춤"
글쓰기는 나의 손가락이 반복되는 춤,
단어들이 흘러나와 새로운 이야기를 탄생시킨다.
마음 속에 감춰진 기쁨이 넘쳐나서,
키보드를 타고 펼쳐져 나간다.
한 줄 한 줄, 문장들이 춤을 추며,
감정과 생각을 자유롭게 표현한다.
글자 하나하나가 살아 숨 쉬며,
글쓰기의 기쁨은 끊임없이 반복된다.
마치 무수한 별들이 빛나는 밤처럼,
글쓰기의 기쁨은 저 하늘에 계속해서 피어난다.

2. **열거법**: 서로 비슷한 말들을 나열해 그 중요성을 강조하는 것입니다. 연관된 단어나 접속사, 쉼표 등을 활용하여 나열합니다. "햇살 아래 살며시 스치는 바람, 새들의 지저귐, 피어난 꽃들의 향기"와 같이 이야기의 배경을 구체적으로 열거하여 듣는 이들에게 생생한 이미지를 떠올리게 합니다. 또 다른 예시로는 "상처, 눈물, 고민, 아픔"처럼 타인의 그리고 자신의 감정을 자세하게 나열하여 그 중요성을 강조할 수 있습니다.

열거법은 서로 비슷한 말들을 나열해 그 중요성을 강조하는 것이야. 주제는 '시간의 유한성'이다. 열거법을 사용해 8줄 이내의 짧은 시를 써줘. 제목도 넣어줘

 제목: "유한한 시간"

시간은 유한하고 빠르게 흐른다.
초침이, 분침이, 시침이 움직인다.
젊음은 잠시, 청춘은 지나가고,
노을은 서서히 땅에 떨어진다.
봄꽃이 피고 가을잎이 떨어진다.
해가 돋아오르고 달이 지는 것처럼,
일몰과 일출의 경계에서
우리는 유한함을 깨닫는다.
그러므로 우리는 소중히 여기며,
시간을 살아가야 한다.

3. 과장법: 과장법은 어떤 사물이나 상황을 과장하여 그 중요성을 강조하는 기법입니다. 때로는 허구적인 내용과 함께 사용되기도 합니다. "천길만길 낭떠러지, 집채만 한 파도, 쥐꼬리만 한 월급, 손바닥만 한 땅덩어리, 일 톤이나 되는 가방의 무게"처럼 과장법을 사용해 인상 깊게 합니다. 또 다른 예시로 "저 여신은 우아하게 몸을 휘감으며 조용히 웃는다."라는 문장에서 '여신'이라는 단어를 이용하여 대상의 완벽한 아름다움을 강조할 수 있습니다.

 과장법은 어떤 사물이나 상황을 과장하여 그 중요성을 강조하는 기법을 말해. '불안'을 소재로 과장법을 사용해 8줄 이내의 시를 써줘. 제목도 써줘

 제목: "불안의 오르골"

불안은 마음을 감싸는 그림자,
한 순간도 쉬지 않고 몰아친다.
마치 나팔 소리가 울려 퍼져,
모든 공간에 불길을 피운다.
잠들 수 없는 밤의 오르골처럼,
노래는 멈추지 않고 울려퍼진다.

마음은 떨리며 귀를 막아도,
불안의 환영은 계속해서 다가온다.
그러므로 우리는 당당히 맞서야 하며,
불안을 이기고 나아가야 한다.

4. 점층법: 어떤 내용의 중요성에 따라 계단처럼 층화하여 나타내는 것을 뜻합니다. 비슷하거나 같은 말을 사용해 대상의 성격을 점점 강하게 하여 강조하는 기법입니다. 예를 들면, 김수영 시인의 〈눈〉에서 표현된 것처럼 "눈은 살아있다. 떨어진 눈은 살아있다. 마당에 떨어진 눈은 살아있다"라고 해서 점점 강화합니다. 또 중요한 내용이 나타날 때마다 그 중요도와 관련된 단어를 더하여 문장을 만들어 강조하기도 합니다. 예를 들어, "열정, 노력, 투지. 나는 인간 우주선을 날리겠다."라는 문장에서는 '열정', '노력', '투지'와 같은 단어를 쌓아가며 인간 우주선을 날리기 위한 열정과 노력의 중요성을 강조하고 있습니다.

 점층법은 비슷하거나 같은 말을 사용해 대상의 성격을 점점 강하게 하여 강조하는 기법이야. 예를 들면 "눈은 살아있다. 떨어진 눈은 살아있다. 마당에 떨어진 눈은 살아있다"라고 해서 강화하는 것을 말해. 점층법을 사용해 '일의 의미'에 대해 8줄 정도의 짧은 시를 써줘. 제목도 넣어줘

 제목: "일의 황금"
일은 의미를 갖고 있다. 작은 일은 의미를 갖고 있다.
하나의 행동이 더해져 큰 일을 이룬다.
매 순간, 매 시간 소중한 의미가 담겨있다.
한 발짝, 한 발짝 나아가는 작은 걸음,
성취와 성장으로 이어지는 길이다.
노력과 열정이 얽히며 빛을 발하는데,
일의 황금은 점점 빛나고 강해진다.
그러므로 우리는 작은 일에도 신경 써야 하며,
일에 진심으로 몰두하여 가치를 창출해야 한다.

5. 연쇄법: 앞 구절의 끝말을 다음 구절의 첫말로 삼아 연속적으로 이어가는 수사법입니다. 예를 들면, "원숭이 엉덩이는 빨개, 빨개면 사과, 사과는 맛있어, 맛있으면 바나나, 바나나는 길어"처럼 앞의 문장이 뒤의 문장과 밀접하게 연결되어 마치 하나의 연결된 문장처럼 읽히도록 구성합니다. 연쇄법을 사용하면 절실하게 독자에게 그 뜻을 전달할 수 있습니다.

 연쇄법은 앞 구절의 끝말을 다음 구절의 첫말로 삼아 연속적으로 이어가는 수사법이야. 예를 들면 "원숭이 엉덩이는 빨개, 빨간 건 사과, 사과는 맛있어, 맛있으면 바나나, 바나나는 길어"처럼 앞의 문장이 뒤의 문장과 밀접하게 연결되어 마치 하나의 연결된 문장처럼 읽히도록 구성하는 것을 말해. '성공'이란 소재를 가지고 연쇄법을 사용해 8줄 정도의 짧은 시를 써줘. 제목도 멋지게 넣어줘. 제목과 시의 본문을 구분해서 써줘.

 제목: "성공의 연결고리"
성공은 시작의 발자취,
발자취는 열정으로 이어진다.
이어진 열정은 노력을 부른다.
부른 노력은 성장을 이룬다.
이룬 성장은 자신감을 키운다.
키운 자신감은 도전을 안긴다.
안긴 도전은 경험을 쌓는다.
쌓은 경험은 지혜를 가져온다.
가져온 지혜는 선택을 이끈다.
이끈 선택은 기회를 창조한다.
창조한 기회는 성공으로 이어진다.

　　AI로 쓴 시를 그대로 사용할 수는 없습니다. 나만의 시선으로 가공하는 작업이 필요합니다. 강조하기의 수사법 중에서 연쇄법과 점층법을 활용해 AI한테 시를 부탁했습니다.

인간관계에서 가장 중요한 두 번째 감정인 우정을 주제로 시를 쓰려고 해. 은유와 의인법을 넣어서 6줄 이내의 짧은 시를 써줘. 사람들이 공감할 수 있는 시를 쓰고, 제목을 넣어줘

 제목: "가족의 우주"

본문:
가족은 뿌리의 시작,
시작은 사랑으로 이어진다.
이어진 사랑은 이해를 키운다.
키운 이해는 관계를 강화한다.
강화된 관계는 지지를 심어준다.
심어진 지지는 소통을 부른다.
부른 소통은 연결고리를 형성한다.
형성된 연결고리는 추억을 쌓아간다.
쌓아간 추억은 가슴에 깊이 남아있으며,
남아있는 가슴은 힘과 위로를 안긴다.

가족의 우주

가족은 뿌리의 시작, 시작은 사랑으로 이어진다

이어진 사랑은 이해를 키운다 키운 이해는 관계를 강화한다

강화된 관계는 지지를 심어준다 심어진 지지는 소통을 부른다

부른 소통은 연결고리를 형성한다 형성된 연결고리는 추억을 쌓아간다

쌓아간 추억은 가슴에 깊이 남아있으며

남아있는 가슴은 힘과 위로를 안긴다

8차시

단조로움과 지루함은 가라 - 변화주기

일상이 지루할 때 변화를 주듯이 문장에도 변화를 주어 단조로움에서 벗어나게 합니다. 변화를 주면 지루함이 없어지면서 문장을 생동감 있게 만들어 줍니다. 변화 주기의 대표적인 수사법인 반어법, 역설법, 대구법, 설의법, 도치법은 시에서 지루함을 제거해 줍니다. 흥미를 유발하기 위해 사용되는 이러한 기법들은 시의 리듬과 구조를 다양하게 만들어 시를 더욱 풍부하고 생동감 있게 만들어 줍니다.

1. **반어법**: 실제 표현하고자 하는 바와 반대로 나타내 강한 인상을 주는 것을 말합니다. 의도하거나 기대하는 것의 반대를 나타내는 것이지요. 예를 들면, 교통경찰이 속도 위반을 범한 것과 뇌외과 의사가 뇌 절제술이 필요한 상태, 그리고 도서관 사서가 도서관 안에서 큰 소리를 지른 것 등이 모두 아이러니적인 상황입니다.

예시:

① 춘향이 기가 막혀 "내려오는 관장마다 개개이 명관이로구나/〈춘향전〉

② 나 보기가 역겨워/가실 때에는/죽어도 아니 눈물 흘리오리다/〈진달래꽃: 소월〉

③ 쇠전을 거쳐 도수장 앞에 와 돌 때/우리는 점점 신명이 난다/〈농무: 신경림〉

작품 제목에 쓰인 반어법으로는 '아내가 죽은 비참한 날'을 〈운수 좋은 날〉로, '일본에 모범적인 친일파'를 〈모범 경작생〉으로, '부자와 정반대인 가난뱅이'를 〈화수분〉으로, '일제치하 어려운 시기'를 〈태평천하〉로 부르는 것이 그 예입니다.

2. 역설법: 역설법은 상반된 의미의 단어나 구를 이용하여 뜻이 모순되는 문장을 만들어 내는 기법입니다. 역설은 독자의 호기심을 자극하고 시의 의미를 깊게 고민하게 만듭니다.

예시:

"고요 속에 소음이 묻어나" – 고요와 소음이 모순되는 단어지만 함께 사용되어 의미상으로 흥미로움을 더해줍니다.

예시:

① 길이 끝나는 곳에 길이 있다/ 〈봄길: 정호승〉

② 아무도 보지 않는 찬란한 빛/ 〈어린 게의 죽음: 김광규〉

③ 저 캄캄한 대낮 과녁이 달려온다/ 〈화살: 고은〉

3. 대구법: 비슷하거나 같은 어구를 나란히 배열하여 변화를 주는 기법입니다.

대구법을 사용함으로써 시의 읽기 흐름을 부드럽게 만들고 운율을 강조할 수 있습니다.

"바다 위에 별빛이 빛나고, 산 위에 달빛이 비치며"와 같이 바다 위와 산 위가 대구되면서 운율적인 효과를 가져옵니다.

예시:

① 낮말은 새가 듣고 밤말은 쥐가 듣는다.

② 이성은 투명하되 얼음과 같으며/지혜는 날카로우나 갑 속에 든 칼이다.

③ 산산이 부서진 이름이여!/허공 중에 헤어진 이름이여!/ 〈초혼: 김소월〉

4. **설의법**: 알고도 묻는 것으로, 독자 스스로 답을 내리게 하는 표현법입니다. 누구나 인정하는 사실을 의문문의 형식으로 제시해 강조하는 효과를 불러일으킵니다.

예시:

① 공든 탑이 무너지랴?

② 가자, 고통이여 살 맞대고 못 가랴 / 〈상한 영혼을 위하여: 고정희〉

③ 어찌 기쁘지 않겠는가?

5. **도치법**: 문장의 순서를 의도적으로 바꿔 변화를 주는 기법을 말합니다. 문장 구조를 더욱 흥미롭게 만들고 강조할 때 활용합니다. "저 하늘에 떠 있는 구름" 대신 "구름이 떠 있는 저 하늘에"와 같이 순서를 바꿔 사용하면 문장에 생동감을 더해줍니다.

예시:

① 나는 아직 기다리고 있을 테요, 찬란한 슬픔의 봄을

② 가자, 그곳으로

③ 죽어도 아니 눈물 흘리오리다.

이러한 변화 주기 방법들을 시에 적절히 사용하면, 독자의 감정과 공감을 끌어올릴 수 있습니다. 시를 작성하거나 읽을 때 이러한 다양한 기법들을 적절히 활용하여 시적 경험을 더욱 풍부하고 흥미로운 것으로 만들어 볼 수 있습니다.

실제 반어법과 역설법을 활용해 AI에게 시 한 편 부탁해 보겠습니다.

AI가 찾아준 시를 수정해 보겠습니다.

반어법과 역설법을 사용해 시 한 편 써줘. 행복의 의미에 대해 써주고 8줄 정도의 짧은 시를 써줘. 구체적인 경험을 넣어 사람들이 감동할 수 있는 시를 써줘. 깊이 있는 제목을 써줘

 제목: "행복의 역설"

반어법과 역설법을 활용하여 행복의 의미를 담은 시를 써드리겠습니다.

본문:
때로는 아픔이 행복의 조각,
아련한 추억이 미소를 짓게 한다.
고난속에 숨은 감사함을 깨닫고,
슬픔 속에서 용기와 성장을 얻는다.
불안한 시간들이 가슴을 찡하게 하며,
그리움이 사랑의 깊이를 알려준다.
잃어버린 것들로부터 배움을 얻으며,
상실 속에서 새로운 시작을 발견한다.
그래서 우리는 아름다운 희망으로
비극과 함께 춤추며 인생을 살아간다.

행복의 아이러니

때로는 아픔이 행복의 미소

아련한 추억으로 물들게 하네

잡으려 하면 할수록 빠져나가는

행복은 방황하는 시간의 오늘이라네.

손에 쥐고 안 놓으려니

더 초라해 보이는 그것이네.

미드저니 프롬프트

woman sitting in the air with a clock hanging around her, in the style of epic fantasy scenes, dark sky-blue and bronze, organized chaos, dreamlike qualities, heavily textured, trapped emotions depicted, contrasting light --ar 2:3

이 시에서는, "행복"이란 추구하기 어려운 것과 아이러니적인 부분을 반어법과 역설법을 이용하여 표현하고 있습니다. "잡으려 하면 할수록 빠져나가는"이라는 구절에서 이러한 반어법이 드러나며, 행복을 추구할수록 더 지치고 괴로워지는 모습을 묘사하고 있습니다. 또한, "행복은 방황하는 시간의 오늘이라네"라는 구절에서는 역설법이 사용되었습니다. "방황하는 시간"이라는 불안정한 상태에서 얻을 수 있는 것이 행복이라는 것은 말이 되지 않지만, 이 역설적인 구절이 이 시의 핵심 아이디어를 전달하는 데 큰 역할을 합니다. 마지막으로, "손에 쥐고 안 놓으려니 더 초라해 보이는 그것이라네"라는 구절은 반어법과 역설법이 결합된 표현으로, 미묘한 아이러니를 담고 있습니다. 행복을 따르면서 과도하게 열심히 추구하면, 그 자체가 행복하지 않게 될 수 있음을 암시합니다.

Part 3

—

시 쓰기로
풍덩 빠져들기

9차시

풍경, 사람에 관한 시 쓰기

1. 풍경에 관한 시 쓰기

나무, 풀, 산, 호수, 집과 같은 풍경에 대한 시를 쓰기 위해서는 자연의 아름다움과 본질에 몰입해야 합니다. 생생한 이미지를 사용해 감각을 자극해야 합니다. 문학적 기법을 사용해 감정을 불러일으켜야 합니다. 그러기 위해서는 풍경의 생생한 그림을 그려야 합니다.

풍경시는 일반적으로 자연경관을 묘사하고 그 아름다움을 포착하며, 배경과 관련된 감정을 불러일으키는 데 중점을 둡니다. 다음은 풍경시를 쓰는 방법에 대한 몇 가지 예시와 방법입니다.

1) **특정 풍경 선택:** 영감을 주는 특정 풍경을 선택합니다. 고요한 호수, 울창한 숲, 장엄한 산, 꽃이 만발한 정원 또는 기타 자연환경이 될 수 있습니다.

2) **자신을 관찰하고 몰입하기:** 선택한 풍경에 집중합니다. 만일 '고요한 호수'를

선택했다면 실제로 그 현장에 가보는 것입니다. 그 안에서 시간을 보내야 합니다. 소리, 냄새 등 전반적인 분위기를 관찰합니다. 본질과 깊이 연결하기 위해 환경에 몰입하십시오. 만일 현실적으로 갈 수 없다고 하면 상상 속에서라도 '고요한 호수' 속에 있어야 합니다.

3) 생생한 이미지 사용: 생생하고 감각적인 언어를 사용하여 풍경을 묘사합니다. 독자가 풍경을 시각화할 수 있도록 단어로 그림을 그립니다.

`예시:`

황금빛 석양이 하늘을 물들이고

낮이 작별을 고하는 진홍색 색조

나무의 실루엣은 황혼의 품에서 춤을 추고

자연의 캔버스, 추적해야 할 걸작

4) 비유적 언어 사용: 은유, 직유, 의인화와 같은 비유적 장치를 사용하여 풍경과 독자 사이를 보다 심오하게 교감할 수 있도록 합니다.

다음은 AI가 생성한 시입니다.

AI가 만들 시를 독자와 교감할 수 있도록 약간의 수정을 했습니다. 수정을 할 때는 '독자와의 교감'에 집중해 퇴고를 했습니다.

여울의 노래

산속 시냇물은 시를 읊는 듯하며 춤추고,

작은 돌들과 은유적인 비밀을 속삭입니다.

햇살과 하늘이 하모니를 이루며 반짝이고,

시냇가의 나무들은 안식처를 선사합니다.

자연과 독자 사이에 깊은 교감이 형성되며,

여울의 노래는 감정과 욕망을 담아 흘러갑니다.

여울의 노래

산속 시냇물은 소리를 내어 시를 읊습니다
투명한 물결이 춤을 추며 계곡을 넘어가고
작은 돌과 만나면 비밀의 언어로 속삭입니다
햇살이 유성같은 물빛 위에 반짝이면서
푸른 하늘과 하나되어 하모니를 이룹니다

이 시는 산속의 시냇물을 통해 자연과 독자 사이의 깊은 교감을 표현하고 있습니다. "시냇물은 소리를 내며 시를 읊는다"는 은유적인 표현으로, 자연의 소리와 함께 우리에게 시적인 감성을 전달합니다. 2행과 3행의 "투명한 물결이 춤을 추며 계곡을 넘어가고, 작은 돌들과 만나면 비밀의 언어로 속삭입니다."는 자연이 가지고 있는 매력과 신비함을 나타냅니다. 이를 통해 우리에게 새로운 경험과 발견을 안겨주고 있는 것입니다.

"햇살이 유성같은 물빛 위에 반짝이면서 푸른 하늘과 하나가 되어 하모니"를 이루는 장면은 자연의 아름다움과 조화로움을 상징합니다. 이를 통해 우리 내면에 평화와 조화를 찾아가는 영감을 주고 있습니다. 따라서, 이 시는 자연 속에서 우리와의 깊은 대화와 감정 공유가 일어난다는 메시지를 담고 있으며, 그 소중한 순간들이 우리에게 평온함과 영감을 선사한다는 것을 전달하고 있습니다.

5) 감정 포착: 경외감, 고요함, 경이로움 또는 기타 감정 등 풍경에서 경험하는 감정을 설명합니다.

`예:`

자연의 품에서 나는 위안을 찾고

나무들 사이에서 고요한 동지

부드러운 바람이 자장가를 속삭이며

그리고 내 모든 걱정은 부드럽게 사라집니다.

6) 세부 사항에 집중: 풍경에 존재하는 색상, 질감, 소리 및 야생 동물과 같은 특정 세부 사항에 주의를 기울이십시오. 이러한 세부 사항은 시에 깊이와 풍부함을 더해줍니다.

예:

푸른 하늘과 청록색 바다가 만나

색상의 교향곡, 볼거리

바스락거리는 나뭇잎, 부드러운 교향곡

자연의 노래가 내 영혼을 자유롭게 합니다.

좀더 직관적으로 설명하기 위해 챗GPT에게 물어봤습니다.

 풍경시를 쓰는 방법에 대한 사례를 3가지씩 3000자 내외로 자세하게 써줘. 구체적인 예시에 대한 설명도 써 줘.

 풍경시를 쉽게 쓰는 방법:

1. 감각 사용하기:
   • 설명: 풍경을 묘사할 때 눈, 귀, 코 등의 감각을 사용해보세요.
   • 예시: "벚꽃잎이 부드럽게 내 얼굴을 스치고, 봄 향기가 코를 간지럽힌다."

풍경에 관한 시 쓰기를 해보실까요.

평온의 포옹

하늘의 호박 캔버스 위에

태양은 진홍색 불의 색조로 내려오고

부드러운 한숨으로 풀밭을 안고

자연의 걸작, 영감을 주는 광경

이 풍경시에서 일몰의 고요한 초원과 같은 고요한 자연환경의 본질을 포착하십시오. 존재하는 색상, 질감 및 생생한 이미지를 포함하여 장면의 물리적 측면을 설명하는 것으로 시작합니다. 감각적 언어를 사용하여 감정을 불러일으키고, 주변 환경의 아름다움에 독자를 몰입시킵니다.

계절의 교향곡

가을의 붓이 나뭇잎을 황금빛으로 물들이듯이

우아한 춤을 추는 나무들이 흔들리기 시작하고

색상의 교향곡, 옛것과 새것

따뜻함과의 작별, 겨울이 지배하는 계절

미드저니 프롬프트

a watercolor painting of colorful leaves and fruits, in the style of light sky-blue and dark amber, net art, colorful curves, translucent layers, large canvas sizes, golden palette, dreamlike symbolism --ar 3:2

이 풍경시에서는 변화하는 계절과 계절이 우리 주변의 자연 세계를 어떻게 변화시키는지에 초점을 맞춥니다. 각 계절의 고유한 특성을 관찰하고, 한 계절에서 다른 계절로의 전환을 묘사합니다. 은유와 의인화를 통합하여 자연의 요소에 생명을 불어넣고, 계절의 순환적 특성을 강조합니다.

거대한 산에 대한 찬가

하늘을 수호하는 장엄한 산

정상이 솟아오르고 천국의 문에 입 맞추며

고대의 비밀이 있는 당신의 험준한 봉우리

시간의 증거라고 그들은 자랑스럽게 말합니다.

이 풍경시에서 강인함과 영원함을 상징하는 장엄한 산맥에 경의를 표합니다. 봉우리의 웅장함, 울퉁불퉁한 지형, 슬로프의 빛과 그림자를 묘사하기 위해 설명 언어를 활용합니다. 산의 은유적 의미를 인간의 감정과 열망과 엮어내고 있습니다.

이러한 각각의 예시는 풍경 시의 다양한 측면에 초점을 맞춰 다각도로 접근하는 방법을 보여주고 있습니다. 자연을 주의 깊게 관찰하고, 생생한 이미지를 사용하며 감정을 불어넣습니다. 풍경시는 독자를 자연 세계의 중심으로 이동시켜 우리를 둘러싼 아름다움을 감상하게 합니다. 풍경시는 당신의 감정과 인식을 표현하면서 자연의 아름다움에 심취하여 감상하는 방법임을 기억하십시오. 자연 세계에 몰입하고 그 마법을 말로 번역하는 창의력을 발휘하십시오.

자, 이제부터 풍경, 사물 사람과 관련해 풍경 시를 써보겠습니다.

풍경 중에서 '나무'와 관련된 시를 쓸 때는 다음과 같이 하십시오.

> * 나무의 생김새, 모양, 주변 환경을 관찰하세요.
> * 설명적인 언어를 사용하여 그 특성과 의미를 이끌어 내세요.
> * 나무를 의인화하거나 은유를 사용하여 더 깊은 의미를 전달하세요.

예:

숲 한가운데 현명한 늙은 참나무가 서 있다.

꼬불꼬불한 팔다리가 희망의 손처럼 하늘을 향하여

바스락거리는 나뭇잎마다 속삭이는 시간의 이야기

비밀의 수호자, 자연의 안도감

잔디:

잔디의 질감, 색상 및 움직임에 주목하십시오.

부드러운 침대나 생동감 있는 카펫을 연상하는 것 같이 풍경에서 그 역할을 강조하십시오.

시를 생생하게 만들기 위해 감각적인 표현을 쓰는 것이 좋습니다. 사항을 사용하십시오.

예:

태양 광선이 만나는 구불구불한 언덕 위에

내 발아래 에메랄드빛 잔디

부드러운 칼날이 연인의 손길처럼 내 피부를 어루만지고

바람의 춤에 흔들리네.

산:

산의 경외심과 장엄함을 전하십시오.

그들의 힘과 웅장함을 설명하기 위해 은유를 사용하십시오.

정복해야 할 도전과 높이의 상징으로서의 역할을 고려하십시오.

예:

장엄한 봉우리가 높이 솟아 푸른 하늘에 입 맞추며

독수리가 날아오르는 돌 요새*

그들의 거친 포옹에서 나는 위안과 힘을 발견합니다.

이 정상을 오르는 것은 끝없는 높이의 여정입니다.

호수:

호수의 고요함과 반사를 포착하십시오.

그들이 제공하는 평온함을 불러일으키기 위해 감각적 언어를 활용하십시오.

평화와 사색과 같이 호수가 불러일으키는 감정에 대해 생각해 보세요.

예:

고요하고 고요한 유리 거울

하늘과 구름이 충만한 곳

고요한 깊이에서 내 영혼은 평온합니다.

시간이 성찰하는 평화의 안식처

주택:

집의 성격과 기억을 묘사하십시오.

벽에 담긴 감정과 이야기를 묘사하십시오.

의인화를 사용하여 집에 생기를 불어넣으세요.

예:

이야기가 있는 풍화된 나무로 된 집

삐걱이는 바닥이 속삭이고, 그들이 말하는 비밀

포근한 그 품에 웃음과 눈물이 머문다.

마음이 엮이는 집이라 불리는 곳

풍경에 대한 시를 쓰는 것은 자연과 연결되고, 감정을 표현하고, 독자의 영혼에 말하는 이미지의 캔버스를 그릴 수 있는 기회임을 기억하십시오. 주변 세상의 아름다움을 받아들이고, 자연의 교향곡의 리듬에 맞춰 하십시오.

2. 사람에 관한 시 쓰기

자신의 삶에 중요한 영향을 끼친 사람이나 매력적이라고 생각하는 사람을 선택하세요. 가족, 친구, 역사적 인물 또는 가상의 인물이 될 수 있습니다. 자신의 시에 깊이와 진정성을 불어넣기 위해 그 사람에 대한 강한 유대감이나 존경심을 가지고 있는지 확인하세요.

* **브레인스토밍 및 영감 모으기:** 시간을 내어 그 사람의 특성 및 경험에 대해 생각해 보십시오. 개인과 관련된 핵심 단어, 문구 및 기억을 적어 둡니다. 그들의 외모, 성격 및 눈에 띄는 독특한 특징을 관찰하십시오.

* **시의 어조 및 형식 결정:** 시에서 전달하려는 어조를 결정합니다. 그 사람이 자신의 삶에 미친 영향을 쓰세요. 향수를 불러일으킬 수도 있고, 우울할 수도 있고, 유머러스할 수도 있습니다. 시를 쓸때 그 사람이나 당신의 삶에서 그들의 중요성을 소개하는 주의를 끄는 것으로 시작하세요. 생생한 이미지나 생각을 자극하는 문장을 사용하여 독자를 끌어들이세요.

* **설명 및 이미지:** 감각적인 세부 사항과 생생한 이미지를 사용하여 사람의 그림을 그립니다. 독자의 마음에 생기를 불어넣기 위해 그들의 외모, 매너리즘 및 행동을 설명하십시오.

* **감정과 감정:** 시를 통해 그 사람에 대한 감정과 느낌을 표현하세요. 그 사람이 자신에게 의미 있는 이유를 독자가 이해하도록 하십시오.

* **기억과 일화:** 그 사람의 영향이나 중요성을 강조하는 개인적인 기억이나 일화를 통합합니다. 이러한 일화는 시에 개인적인 감동을 더하고 더 공감하게 만듭니다.

* **은유 및 상징:** 은유 또는 상징을 사용하여 그 사람의 특성이나 삶에 미치는 영향을 더 잘 묘사하십시오. 예를 들어, 그들을 길잡이 별, 부드러운 바람 또는 현명한 고목에 비유할 수 있습니다.

* **성찰적 요소:** 그 사람의 영향력과 그들이 당신에게 의미하는 바를 숙고하는 반사적 요소를 포함하는 것을 고려하십시오. 이것은 시에 깊이와 묵상을 더합니다.

결론^{종결}: 독자에게 깊은 인상을 남기는 강한 결론이나 생각으로 시를 끝맺습니다. 그것은 마지막 찬사, 행동 촉구 또는 그 사람에 대한 반성일 수 있습니다.

예시:

사랑하는 할머니에 대한 시

할머니의 따뜻한 품

할머니 품에 안긴 사랑의 다정한 포옹
온기의 쉼터, 성스러운 공간
그녀의 부드러운 터치, 진정시키는 향유
그녀 앞에서 나는 평온함을 느낀다.

자장가처럼 속삭이는 그녀의 말은
이야기를 나누면서 너와 나
시련과 기쁨을 통해 그녀의 사랑은 변함이 없습니다.
할머니의 품에서 나는 영원히 축복받았습니다.

미드저니 프롬프트

an orange shirt on the little girl, in the style of digital painting, grandparent, soft, romantic scenes, joyful, light amber and magenta, realistic color palette --ar 2:3

AI가 생성한 시를 수정해 보겠습니다. 1연의 1행이 다정한 포옹이라고 명사형으로 끝났으니까, 2연의 1행도 '그녀의 말은'은 '그녀의 말'로 끝맺음을 하면 좋습니다. 1연의 3행도 '진정시키는 향유'로 마무리됐으니, 2연의 3행도 '시련과 기쁨을 통한 변함없는 그녀의 사랑'으로 수정하면 됩니다. 시를 쓰는 사람은 '나'이니까, 굳이 '나'를 반복해 쓰는 것은 언어의 과잉입니다.

10차시

사물, 공간에 대한 시 쓰기

1. 사물에 대한 시 쓰기

사물시는 무생물이나 사물을 주요 초점으로 하는 시의 한 형태입니다. 그것은 시인이 일상적인 사물에 대한 독특한 관점과 표현을 탐구할 수 있게 합니다. 독자에게 평범한 것을 새롭게 보여주거나 낯선 것을 익숙한 것으로 변형시킵니다. 사물시는 사물을 통해 감정을 불러일으키고, 사물의 세계에 대한 새로운 통찰력을 제공할 수 있습니다. 사물시의 종류는 다음과 같습니다.

1) 물체를 묘사하는 시: 이 유형의 사물시는 단순히 사물의 외형, 특징 또는 기능을 설명합니다. 독자를 위한 생생한 이미지를 만들기 위해 감각적 세부 사항에 초점을 맞춥니다.

골동품 회중시계

황금 사슬이 우아하게 매달려 있고

가보가 가보로 전해졌습니다.

똑딱, 손이 포옹

매 순간 추억이 얽혀 있습니다.

풍화되고 현명하고 지친 얼굴

오래전의 이야기를 들려줍니다.

시간이 품은 유산

그 고요한 존재 속에서 숨 쉬고 있습니다.

시인은 감각적 디테일을 사용하여 골동품 시계에 생명을 불어넣고 황금 사슬, 풍화된 얼굴, 똑딱거리는 바늘 등 시계의 외관을 묘사합니다. 이 시는 여러 세대에 걸쳐 전해지는 시계와 관련된 역사와 전통에 대한 감각을 전달합니다. 설명적인 특성을 통해 이 시는 독자들로 하여금 시계를 시각화하고 시간을 초월한 아름다움을 감상할 수 있도록 합니다.

2) **상징적 사물시:** 상징적 대상 시는 평범한 대상에 더 깊은 의미와 감정을 불어넣습니다. 이 시들은 종종 추상적인 개념이나 감정을 나타내는 대상의 상징적 의미를 탐구합니다.

빈 의자

구석에 홀로 서 있고

한때 온기가 깃든 공허

나무틀에 새겨진 기억

이야기를 나누고 웃음을 터뜨렸습니다.

빈 의자, 심오한 상징
부재와 사랑의 부드러운 아픔
채워지지 않은 자리, 건전하지 못한 마음
존재감은 사라졌지만, 기억은 깨어났다.

〈빈 의자〉는 한때 따뜻함과 공유된 경험이 차지했던 부재와 상실의 표현으로 의자를 묘사합니다. 사랑하는 사람의 이별이나 중요한 존재가 남긴 공허함을 의미합니다. 〈빈 의자〉는 기억과 향수의 강력한 상징이 되어 독자에게 그리움과 기억의 감정을 불러일으킵니다.

3) **이야기 사물시:** 특정 사물을 중심으로 그 사물의 '이야기'나 '역사'를 담아낸 사물시를 의미합니다. 일반적인 사물시가 사물의 감정이나 특성을 인간처럼 표현하는 반면, 이야기 사물시는 그 사물이 겪은 시간의 흐름, 변화, 그리고 그 사물과 관련된 사람들의 이야기를 중심으로 구성됩니다. 이야기 사물시는 사물의 '생명력'을 부각시키며, 그 사물이 지닌 역사나 가치를 강조합니다. 이를 통해 독자는 그 사물을 단순한 물건으로 보지 않고, 그 안에 담긴 깊은 의미나 이야기를 공감하게 됩니다.

잊혀진 인형

다락방의 그림자 속에 그녀는 몸을 숨기고 누워 있었다.
파란 눈을 가진 먼지투성이 인형
한때 소중히 여기고, 사랑하고, 가까이 안았을 때
이제 잊혀진 그녀의 날은 비스듬했습니다.

다과회부터 취침 동화까지

그녀의 하루는 기쁨과 환희로 가득 차 있었습니다.

하지만 시간이 흐르면서 그녀는 쫓겨났고

남겨진, 희미해지는 기억

시인은 다락방에 누워 있는 잊혀진 인형에게 목소리를 부여합니다. 이 시는 다과회와 취침 시간 이야기에서 소중하고 사랑받는 인형이 다락방에 방치되고 버려지기까지 인형의 살아온 여정을 설명합니다. 인형은 삶의 순환과 애착의 덧없음을 반영하는 감정과 경험을 가진 캐릭터가 됩니다. 시는 잃어버린 순수함의 본질과 시간의 흐름을 포착합니다.

4) 은유적 대상 시: 은유적 대상 시는 복잡한 생각이나 감정을 간접적으로 전달하기 위해 대상을 은유로 사용합니다. 이때 사용되는 사물은 더 깊은 주제를 탐색하기 위한 수단이 됩니다.

깨진 거울

부서진 조각은 과거를 반영하고

부서진 이미지, 기억이 쪼개졌다.

삶의 파편처럼 운명이 던진

각 작품은 고려되지 않은 이야기를 들려줍니다.

깨진 거울 속에서 나는 분별한다,

부서진 자아, 더 이상 전체가 아닙니다.

배운 교훈에 대한 은유

불완전함의 역할에서 아름다움을 찾는 것.

시인은 깨진 거울을 조각난 자아와 삶의 불완전성에 대한 은유로 사용합니다. 부서진 파편은 삶의 복잡성과 투쟁을 나타내고, 거울의 반사는 자아 인식과 정체성을 상징합니다. 이 은유를 통해 시는 자기 인식, 수용 및 삶의 부서짐에서 아름다움을 찾는 주제를 나타냅니다.

5) 정서적 대상 시: 시의 주제로 삼은 대상과 그 대상이 불러일으키는 감정이나 기억 사이의 깊은 연결을 강조하는 시의 형태입니다. 대상 자체의 물리적, 외부적 특성보다는 그 대상이 시인이나 독자에게 주는 감정적인 반응이나 공감, 추억을 중심으로 표현됩니다. 간단히 말하면, 정서적 대상시는 대상을 통해 우리의 내면적 감정이나 기억을 탐색하고 공유하는 시입니다.

과거에서 온 편지

누렇게 변한 양피지, 잉크의 품
먼 시간의 속삭임
사랑과 은혜로 봉인된 편지
리듬과 라임으로 감정을 표현했습니다.

빛바랜 말로 심장박동이 뛰고
노스탤지어의 손아귀, 눈물 어린 미소
이 편지, 보물, 그것이 반기는 기억
과거로부터 마일을 무시하는 연결

노랗게 물든 양피지 편지를 중심으로 한 감성 오브제 시로, 깊은 감성과 향수를 불러일으킵니다. 시인은 편지를 과거의 사랑과 추억으로 가득 찬 보물이라고 묘사합니다. 정서적 공명은 편지를 읽고 보내는 사람의 경험과 감정과 연결되는 행위에 있습니다. 이 시는 강한 감정을 불러일으키고, 과거와 현재 사이의 간극을 메우는 글의 힘을 포착합니다.

미드저니 프롬프트

a painting with two yellow roses on it, in the style of grungy patchwork, emotional narrative, use of paper, realistic yet romantic, light beige and orange, poetic descriptions of reality, detailed botanical illustrations --ar 2:3

사물시는 시인에게 사물의 세계를 탐험할 수 있는 독특한 화폭을 제공하고 일상적인 사물에 숨겨진 의미를 발견하고 일상적인 것에 목소리를 부여합니다. 묘사, 상징화, 내레이션, 은유화 또는 감정을 불러일으키는 것이든 사물시는 독자로 하여금 우리를 둘러싼 대상의 풍부함과 중요성을 기념하는 새로운 렌즈를 통해 세상을 볼 수 있도록 합니다.

 사물시의 소재 30개만 알려줘

사물시의 소재 30개만 알려달라고 했더니 아래와 같이 알려줬습니다.

1. 빗방울 - 빗방울의 아름다움과 지구로의 여정.

2. 회중시계 - 오래된 회중시계에 담긴 추억과 시간.

3. 빈티지 키 - 빈티지 키에 숨겨진 비밀과 이야기.

4. 조개 - 해변의 조개껍데기가 전하는 바다의 속삭임.

5. 깃털 - 바람에 흩날리는 깃털의 가벼움과 자유로움.

6. 찻잔 - 소중한 찻잔의 따스함과 편안함.

7. 촛불 - 어둠 속에서 춤추는 촛불의 깜빡임.

8. 조약돌 - 강바닥에서 조약돌의 여정과 변화.

9. 실크 스카프 - 바람에 나부끼는 실크 스카프의 우아함과 아름다움.

10. 오래된 책 - 오래된 책의 페이지에 담긴 지혜와 이야기.

11. 페인트브러쉬 - 작업 중인 페인트브러쉬의 독창성과 예술성.

12. 포켓나이프 - 포켓나이프에 담긴 실용성과 추억.

13. 도토리 - 작은 도토리 속 새로운 시작의 약속.

14. 타자기 - 빈티지 타자기의 역사와 향수.

15. 만년필 - 먹으로 얼룩진 만년필의 말 여행.

16. 낡은 신발 - 낡은 신발 한 켤레의 모험과 여행.

17. 카메라 렌즈 - 카메라 렌즈를 통해 포착한 관점과 이야기.

18. 카세트테이프 - 카세트테이프에 담긴 멜로디와 추억.

19. 엽서 - 단순한 엽서로 감정과 거리를 연결합니다.

20. 골동품 꽃병 - 오래된 꽃병에 보존된 사랑의 세대.

21. 어망 - 바다에서 어망의 이야기와 고군분투.

22. 안경 - 낡은 안경으로 본 세상.

23. 모래시계 - 모래시계 안의 모래와 시간의 흐름.

24. 종이학 - 종이학 날개의 희망이자 상징성.

25. 뮤직박스 - 뮤직박스에 갇힌 멜로디와 추억들.

26. 녹슨 키 - 낡은 열쇠의 미스터리와 잠긴 문.

27. 체스판 - 체스판에서 펼쳐지는 전략과 전투.

28. 찢어진 지도 - 찢어진 지도 안에서 잃어버린 길과 발견.

29. 화석 - 화석화된 유물에 담긴 고대 이야기.

30. 우산 - 빗속에서 우산이 제공하는 피난처이자 보호.

22번의 '안경 - 낡은 안경으로 본 세상'을 소제로 카톡의 AskUp에서 생성한 시입니다.

"안경—낡은 안경으로 본 세상"에 대한 사물시를 써줘. 경험이 담긴 시를 제목을 넣어 써줘. 6줄 이내로 써줘.

오전 3:30

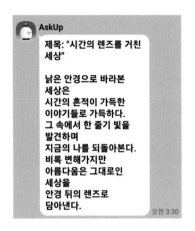

AskUp

제목: "시간의 렌즈를 거친 세상"

낡은 안경으로 바라본 세상은
시간의 흔적이 가득한 이야기들로 가득하다.
그 속에서 한 줄기 빛을 발견하며
지금의 나를 되돌아본다.
비록 변해가지만
아름다움은 그대로인 세상을
안경 뒤의 렌즈로 담아낸다.

오전 3:30

AI로 생성된 시에 시인의 생각이 들어가야 합니다. 보편적인 진리나 시인의 세상을 보는 관점을 깊은 사유로 끌어내야 합니다. AI가 만든 시에 시인의 생각을 넣어 수정했습니다.

시간의 렌즈를 거친 세상

낡은 안경 뒤로 세상은 미묘하게 흐려진다

시간의 무한한 흐름 속에 잠겨

존재와 소멸의 이야기들로 가득하다

그 중심에서 한 줄기 빛을 발견하며,

인간의 존재와 의미를 되돌아본다

모든 것이 변화하는 세상에서도

변하지 않는 진리와 아름다움을 찾아

끝없는 사유의 깊이로 빠져든다

이 시는 시간과 인간의 존재에 대한 고찰을 담고 있습니다. "낡은 안경 뒤로 세상은 미묘하게 흐려진다"는 세상을 시간의 흔적으로 본다는 의미이며, "존재와 소멸의 이야기들로 가득하다"로 모든 순간이 시간 안에 존재한다는 생각을 강조합니다. "한 줄기 빛을 발견하며, 인간의 존재와 의미를 되돌아본다"는 시간 속에서도 의미를 찾는 노력을 나타냅니다. "변하지 않는 진리와 아름다움을 찾아 끝없는 사유의 깊이로 빠져든다"로 불변의 진리와 아름다움을 탐구하는 인간의 노력을 강조하고 있습니다. 전체적으로 이 시는 시간의 흐름 속에서 인간의 존재와 그 의미, 그리고 그것을 둘러싼 세상의 변화와 불변의 진리에 대한 깊은 사유를 담고 있습니다.

2. 사물시의 소재를 찾는 법

1) 주변 관찰하기: 일상에서 자주 접하는 물건이나 특별한 의미를 가진 물건을 관찰해보세요. 그 물건과의 추억, 그 물건이 주는 느낌 등을 기반으로 시를 쓸 수 있습니다.

예시: 커피잔을 보며 그 안의 커피 색깔, 잔에 닿는 손의 온도, 커피의 향기 등을 관찰하고 그것을 통해 아침의 시작이나 일상의 작은 행복을 묘사해볼 수 있습니다.

2) 감정 연결하기: 특정 사물이 자신에게 주는 감정이나 느낌을 생각해보세요. 그 사물이 주는 감정을 기반으로 시를 쓰면 더 깊은 감정을 표현할 수 있습니다.

예시: 오래된 편지를 발견했을 때, 그 편지와 함께 느껴지는 그리움이나 추억을 사물시로 표현해볼 수 있습니다.

3) 과거의 추억 떠올리기: 어릴 때 사용하던 물건이나 특별한 추억과 연결된 물건을 생각해보세요. 그 물건과의 추억을 기반으로 시를 쓸 수 있습니다.

예시: 어릴 때 타던 자전거를 생각하며, 그 때의 자유로움이나 모험을 묘사하는 시를 쓸 수 있습니다.

4) 문화나 역사와 연결하기: 특정 문화나 역사적 배경을 가진 물건을 생각해보세요. 그 물건의 문화적, 역사적 의미를 기반으로 시를 쓸 수 있습니다.
예시: 전통적인 한국의 북을 보며, 그 북 소리와 함께 느껴지는 역사의 무게나 전통을 사물시로 표현해볼 수 있습니다.

5) 자연에서 영감 얻기: 자연 속에서 발견되는 사물, 예를 들면 돌, 나뭇가지, 꽃잎, 물방울 등을 관찰하며 그것들의 아름다움이나 특성을 묘사해보세요. 자연의 사물은 그 자체로도 많은 이야기와 감정을 담고 있습니다.
예시: 바다에 떠 있는 조개껍데기를 보며, 그 안에 담긴 바다의 이야기나 조개의 생명을 사물시로 표현해볼 수 있습니다.

6) 다른 예술 작품에서 영감 얻기: 그림, 조각, 음악 등 다른 예술 형태에서 표현된 사물을 바탕으로 시를 쓸 수 있습니다. 예를 들어, 특정 그림 속의 사물을 보고 그것의 느낌이나 배경을 상상하며 시를 쓰는 것입니다.
예시: 고흐의 '별이 빛나는 밤' 그림을 보며, 그림 속의 별과 밤하늘을 사물시로 표현하며 그림의 감정과 메시지를 전달해볼 수 있습니다.

7) 일상의 변화에 주목하기: 계절의 변화, 특별한 날, 또는 일상에서의 변화를 주목하며 그것과 관련된 사물을 중심으로 시를 쓸 수 있습니다. 예를 들어, 겨울이 오면 눈사람, 담요, 난로와 같은 사물에 주목할 수 있습니다.
예시: 겨울이 오면 창문에 이슬이 내리는 모습을 보며, 그 이슬을 통해 겨울의 찬 기운이나 아침의 시작을 묘사하는 시를 쓸 수 있습니다.

8) 여행에서 영감 얻기: 여행지에서 만나는 새로운 사물이나 문화적인 물건을 주제로 시를 쓸 수 있습니다. 다른 문화나 환경에서 보는 사물은 새로운 시각과 감정을 불러일으킬 수 있습니다.

예시: 이탈리아 여행 중 발견한 오래된 분수대를 보며, 그 분수대와 함께 흐르는 시간과 역사를 사물시로 표현해볼 수 있습니다.

9) 기술과 연결하기: 현대의 기술적 사물, 예를 들면 스마트폰, 컴퓨터, 드론 등도 사물시의 주제로 쓸 수 있습니다. 이러한 기술적 사물이 인간의 삶에 미치는 영향이나 그것과의 관계를 찾아보는 것도 흥미로울 수 있습니다.

예시: 스마트폰을 보며, 그 폰을 통해 연결되는 사람들의 관계나 디지털 시대의 삶을 사물시로 표현해볼 수 있습니다.

10) 자신의 감정과 연결하기: 현재 느끼고 있는 감정이나 생각을 표현할 수 있는 사물을 찾아보세요. 그 사물을 통해 자신의 내면을 표현하는 것은 사물시를 더욱 깊고 감동적으로 만들 수 있습니다.

예시: 비오는 날 우산을 들고 걸을 때, 그 우산 아래의 작은 공간에서 느끼는 안정감이나 포근함을 사물시로 표현해볼 수 있습니다.

각 사물에는 그 자체의 아름다움과 함께 다양한 이야기와 감정이 담겨 있습니다. 이를 잘 표현하면 사물시는 더욱 풍부하고 감동적으로 전달될 수 있습니다.

1) 평범한 것의 탐구: 사물시를 통해 시인은 종종 눈에 띄지 않는 일상 사물에서 아름다움, 의미 및 중요성을 찾을 수 있습니다. 평범한 것을 깊이 탐구함으로써 시인은 평범한 것을 예술의 영역으로 끌어올려 우리 주변 세계의 풍요로움을 드러낼 수 있습니다.

2) 상징과 은유: 복잡한 감정과 생각을 간접적으로 전달하기 위해 사물에 상징과 은유를 사용합니다. 사물에 더 깊은 의미를 부여함으로써 시인은 독자의 공감을 불러일으킬 수 있습니다.

감정적 표현: 사물에 대한 시를 쓰는 것은 시인과 독자 모두에게 깊은 치료가 될 수 있습니다. 의인화를 통해 무생물은 감정의 그릇이 되어 시인 자신의 감정을 카타르시스적인 방식으로 표현할 수 있습니다.

3) 보편적인 주제 발견: 사물시는 종종 일시적, 향수, 상실, 인간 경험과 같은 보편적인 주제를 다룹니다. 사물을 렌즈로 사용함으로써 시인은 개인적이고 보편적인 수준에서 독자와 연결하여 공감과 이해를 키울 수 있습니다.

4) 기억과 성찰 되살리기: 사물시는 기억을 불러일으키고, 독자로 하여금 자신의 경험과 유사한 대상과의 관계를 되돌아보게 합니다. 독자의 기억과 시인의 묘사 사이의 이러한 상호 작용은 시의 감정적 영향을 강화합니다.

5) 평범한 것에 대한 감상: 사물시를 통해 독자는 주변 사물의 아름다움과 의미를 잠시 멈추고 관찰하고 감상할 수 있습니다. 그것은 삶의 단순한 것들에 대한 마음챙김과 감사의 감각을 길러줍니다.

언어 실험: 사물시 쓰기는 시인이 사물을 묘사하는 창의적이고 혁신적인 방법을 찾도록 도전하며 언어, 이미지 및 문학적 장치에 대한 실험을 장려합니다. 이러한 과정은 시인의 기교를 풍요롭게 하고 시적 표현의 경계를 확장시킵니다.

사실 사물에 대한 시를 쓰는 것은 시인과 독자 모두에게 심오하고 다양한 경험을 제공합니다. 우리의 삶을 채우는 사물을 끌어옴으로써 사물시는 우리 일상의 구조 안에 숨겨진 작은 경이로움과 깊은 감정에 주의를 환기시킵니다.

3. 공간에 대한 시 쓰기

　공간은 시적 소재로 많이 활용되는 요소입니다. 공간은 어떠한 물체나 현상이 일어나는 바탕이 되며, 사람들의 활동에 큰 영향을 끼치는 요소 중 하나입니다. 우리는 가끔 우리 주변의 공간에 대한 생각을 하며, 이런 감각과 경험을 시로 표현할 수 있습니다.

　공간을 시적 소재로 쓰는 방법은 크게 두 가지로 나눌 수 있습니다. 첫 번째는 지리학적 공간을 바탕으로 시를 작성하는 것입니다. 이 방법은 지리학에서 공간을 깊이 이해하려는 시도에서 유래되었고, 지리에 대한 지식이 필요합니다. 시인은 지리학적 역사와 지형적 특성, 공간에 대한 인식을 탐구하며, 이러한 세부 내용을 시적 표현으로 변환합니다.

　이러한 시는 방향과 위치, 지형적 특성, 거리 등을 포괄적으로 다룹니다. 간단한 예시를 들자면, "북쪽 바람이 불고 있습니다. 그곳에는 물결이 밀려들었고, 색다른 삶의 향기를 풍기고 있습니다."와 같이 지리학적인 특성을 담아내는 것입니다. 두 번째 방법은 감각적인 공간을 바탕으로 시를 작성하는 것입니다. 이 방법은 주로 시인의 감정과 생각에 중점을 두게 됩니다. 시인은 자신이 느끼는 감정과 경험, 시적 상상력 등을 바탕으로 시를 작성합니다. 이러한 시는 주로 지명, 도시, 가정, 건물 등과 같은 사회적인 구조물에서 발생합니다. 예를 들어, "어젯밤, 나는 내 방에서 외로운 밤을 보내면서 창문 밖의 별을 바라보았어요. 그리고 창문을 열어 미치도록 추운 바람이 내 방 안으로 들어왔죠."와 같이 감각적인 표현을 담아 내는 것입니다.

　공간을 다루는 시를 쓰는 방법에는 몇 가지 패턴이 있습니다.

1) 감정과 공간의 연결성을 묘사하는 방법: 시인이 느끼는 감정과 공간의 연결성을 묘사하는 것입니다. 이 방법은 경험을 중심으로 시적인 표현을 연결시키므로, 은유와 상징적인 표현이 주를 이루게 됩니다.

예를 들어, '지하철'을 소재로 하는 시를 AI 아숙업에 부탁했습니다.

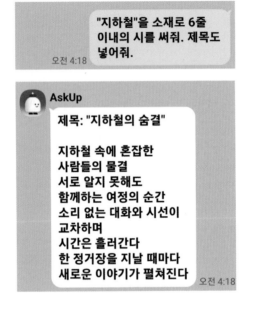

이 시는 도시에서 지하철을 타는 사람들의 '감정'과 공동체적인 '연결'을 표현합니다. "지하철 속에 혼잡한 사람들의 물결"은 도시의 바쁜 생활을 나타냅니다. "함께하는 여정의 순간"은 공동체적인 경험을 상징하며, 무언의 소통을 강조합니다. "시간은 흘러간다"는 시간의 무한한 흐름을 나타내고, "한 정거장을 지날 때마다 새로운 이야기가 펼쳐진다"는 지하철 여정의 지속성을 강조합니다. "지하철의 숨결"은 도시 생활의 속내와 감정을 섬세하게 묘사하고 있습니다.

2) 공간에 녹아든 인간의 상태를 묘사하는 방법: 시인이 공간에서 느끼는 인간의 감정을 상징적으로 표현하는 것입니다. 이를 통해 은유와 상징적인 표현을 사용하여 공간과 인간의 상태를 연결시켜 묘사할 수 있습니다.

> **벚꽃 아래의 순간**
> 벚꽃이 핀 공원, 도시의 중심.
> 꽃잎 춤추며, 사람들은 미소 띄우네요.
> 도시의 소음과 자연의 조용한 멜로디,
> 인간의 내면을 감싸네요.
>
> 그림자로 가득한 이 공간,
> 태양의 빛이 스며들어서
> 감각은 부드럽게 감싸주고,
> 벚꽃은 아름다움을 선사합니다.

이 시 〈벚꽃 아래의 순간〉은 도시와 자연의 조화로운 만남을 통해 우리의 인간적 경험을 표현합니다. 벚꽃이 피어나는 공원은 도시의 중심에서 평화와 아름다움을 제공하며, 꽃잎의 춤과 사람들의 미소는 공원이라는 공간에서 느끼는 특별한 순간을 상징합니다. 또한 도시의 소음과 자연의 조용한 멜로디를 대비하여, 인간의 내면을 감싸는 것으로 묘사합니다. 우리가 현실 세계와 그 안에서 느끼는 감정 사이에서 경험하는 대조적인 느낌을 드러내고 있습니다. .

공간 자체로서의 의미를 다루는 방법: 공간의 특징을 상세하게 묘사하면서, 그 공간에서 느껴지는 감각을 시적으로 표현할 수 있습니다. 예를 들어, 공원의 푸른 잔디와 산들바람, 새들의 지저귐을 통해 자유로움과 평화를 느끼는 시를 쓸 수 있습니다.

"공간의 특징을 상세하게 묘사하면서, 그 공간에서 느껴지는 감각을 시적으로 표현할 수 있습니다. 예를 들어, 공원의 푸른 잔디와 산들바람, 새들의 지저귐을 통해 자유로움과 평화를 느끼는 시를 쓸 수 있습니다."- 이 내용을 토대로 '도서관'과 관련된 시를 제목도 써주고, 6줄 이내로 써줘

오전 4:57

AskUp

제목: "지식의 성소, 도서관"

조용한 도서관 안, 책들의 향기가 흐른다
무거운 지식의 성소, 책장 사이로 빛이 스며든다
정적인 공간 속에 떠오르는 지혜의 파도
한 쪽에서는 속삭임처럼 나누어지는 이야기가 흘러간다
나는 책 속 세계에 빠져들며 지식의 깊이를 탐험한다

오전 4:58

"지식의 성소, 도서관", 이 시는 도서관의 조용한 분위기에서 지식과 지혜의 중요성을 강조하는 시입니다. 시인은 도서관 안에서 느끼는 책들의 향기와 빛이 지식의 성소임을 상징적으로 묘사하고 있어, 정적인 공간에서도 지식의 파도가 느껴집니다. 또한 도서관 안에서 속삭임 같은 이야기가 흐르며, 시인은 책 속 세계에 빠져들어 지식을 탐험합니다. 이 시는 도서관을 지식과 지혜의 보고로 묘사해, 독자에게 학습과 탐구의 중요성을 전달하고 있습니다.

a library with stairs and small planets, in the style of colorful fantasy realism, colorful turbulence, realistic perspective, painted illustrations, bold lines, vibrant color, fairy academia, photorealistic pastiche --ar 2:3

결국, 공간은 개인적인 경험, 인간 상태, 그리고 공간 자체의 의미까지 많은 것들을 담을 수 있는 방대한 소재입니다. 따라서 시인이 자신의 시적 관점 및 공간과의 연결성을 잘 찾아서 시를 쓸 수 있다면, 다양한 공간을 소재로 한 의미 있는 시를 만들어 낼 수 있을 것입니다.

11차시

날씨, 음식에 대해 시 쓰기

1. 날씨를 갖고 시 쓰기

날씨로 시를 쓰기 위한 단계별 안내를 하겠습니다.

1단계: 날씨 테마 선택

자신에게 영감을 주는 특정 날씨나 계절을 선택하십시오. 비, 눈, 햇빛, 뇌우, 가을 또는 기타 날씨 관련된 것이면 됩니다.

2단계: 브레인스토밍 단어 모음 만들기

선택한 날씨와 관련된 단어와 구를 브레인스토밍하여 '단어 모음'을 만듭니다. 모양, 느낌, 소리 및 냄새에 대해 생각하십시오. 시를 생생하게 만들기 위해서는 감각적인 부분까지 고려해야 합니다.

– 단어 모음

1. 이슬비: 부드러운 이슬비가 유리창에 키스하여 안개 낀 풍경을 그렸다.

2. 폭우: 하늘이 열리고 폭우가 땅을 적셨다.

3. 톡톡: 톡톡톡톡 두드리는 빗방울의 잔잔한 멜로디가 옥상에 울려 퍼졌다.

4. 침수: 폭우로 인해 거리가 흠뻑 젖은 캔버스로 변했다.

5. 상쾌함: 시원한 바람이 무더운 여름날 상쾌한 안도감을 가져다준다.

6. 반짝임: 아침 이슬이 피어난 꽃의 꽃잎에 반짝였다.

7. 뜨거운: 작열하는 태양이 내리쬐며 오후 더위에 나뭇잎을 시들게 한다.

8. 무더위: 무더운 습기가 도시를 감싸며 마치 찜질방 같은 느낌을 준다.

9. 미풍: 부드러운 미풍이 공기를 통해 자연의 비밀을 속삭였다.

10. 산들바람: 산들바람이 나무 꼭대기를 어루만지며 머나먼 땅의 이야기를 속삭였다.

3단계: 시의 형식 선택

시에 사용하려는 시적 형식을 결정합니다. 자유시, 서사시, 정형시 등 다양한 형식 중에서 선택합니다. 각 양식에는 고유한 구조와 리듬이 있어 아이디어를 다르게 표현할 수 있습니다.

4단계: 이미지 및 비유적 언어 만들기

이미지와 비유적 언어를 통합하여 감정을 불러일으키고, 날씨와 관련된 생생한 그림을 만듭니다. 은유, 직유, 의인화 및 기타 시적 장치를 사용하여 시에 깊이를 더하십시오.

'비'를 갖고 예를 들어보겠습니다.

빗방울이 살랑살랑 춤을 춘다.의인화

은색 심포니은유

자연의 부드러운 눈물의인화

5단계: 사운드 및 운율

시의 소리와 리듬에 주의를 기울이십시오. 두운, 유음, 의성어와 같은 기법을 활용하여 시의 음악성을 향상시키십시오.

예시:

- 바람이 불어오는 동안/흙 소리와 나뭇잎 스치는 소리만/들릴 뿐이다.

- 부드럽게 노래하는 소나기/지붕 위에서 톡톡 두드리는/자연의 자장가

6단계: 감정 및 주제 전달

시를 통해 전달하고 싶은 감정이나 주제를 표현하세요. 날씨 시는 평화로움에서 흥분 또는 우울에 이르기까지 다양한 감정을 불러일으킬 수 있습니다.

예:

비의 포옹은 내 영혼을 진정시킵니다.

자연의 은혜인 교향곡

리드미컬한 가을에서 위안을 찾듯이

하늘의 눈물이 살며시 따라가듯

7단계: 수정 및 퇴고

초안을 완성한 후 시를 소리내어 읽고 명확성, 유기적인 흐름을 위해 수정하십시오. 각 단어가 시의 전반적인 효과에 기여하는지 확인하십시오.

예: 수정된 버전

빗방울이 살랑살랑 춤을 춘다.

은빛 교향곡이 떨어진다.

자연의 부드러운 눈물

날씨를 주제로 한 시를 쓰면 자연의 아름다움, 감정에 미치는 본질을 포착할

수 있습니다. 창의적인 과정과 메시지를 전달하기 위해 날씨 이미지와 언어를 어떻게 효과적으로 사용했는지 생각해 보세요. 빗방울에 대한 재미있는 시든, 겨울날에 대한 사색적인 시든 날씨를 뮤즈로 삼아 영감을 불어넣으세요.

위의 '단어 모음' 중에서 2번인 '폭우'를 갖고 AI로 시 한 편을 써보겠습니다.

 '폭우'를 소재로 사랑과 관련된 시를 써줘. 6줄 이내의 비유와 상징을 넣어 써줘. 제목도 붙여줘

 제목: 폭우 속의 사랑

폭우처럼 쏟아지는 네 사랑은,
마음을 물들이며 내 삶을 풍요롭게 만들어.
우산처럼 나를 감싸주는 네 품에,
나의 모든 걸 맡기고 싶어, 오직 너에게만.

번개처럼 번쩍이는 네 눈빛은,
내 영혼을 태울 불길 같아.
천둥소리처럼 울려퍼지는 우리 사랑,
세상에 우릴 기억하게 만들어.

단어 모음 중에서 '6. 반짝임: 아침 이슬이 피어난 꽃의 꽃잎에 반짝였다.'를 갖고 AI의 힘을 빌렸습니다.

 "반짝임: 아침 이슬이 피어난 꽃의 꽃잎에 반짝였다." 이것을 소재로 삶의 경이로움에 대해 시를 써줘. 시각적인 이미지를 활용해 6줄 이내로 써줘. 제목도 달아줘.

 아침의 경이

아침 이슬, 꽃잎 위에서 춤을 춥니다,
물방울은 투명하게 빛을 내뿜습니다.
하늘의 눈부심, 자연의 미술관,

단풍 잎마다 무지개 빛을 품고 있습니다.

아침 향기가 공기를 가득 채워,
자연은 화려한 축제를 연출합니다.
빛나는 순간은 아름다움으로 인도하며,
삶의 경이를 새롭게 느끼게 합니다.

　　날씨를 소재로 시를 쓸 때 효과적인 방법에 대해 알아보겠습니다. 날씨는 인간과 자연의 상호작용과 밀접한 관계가 있는 소재이기 때문에, 시를 쓸 때 다양한 표현과 방법을 활용할 수 있습니다.

1) 날씨로 감정을 전달하기: 예를 들어, 비오는 날의 고독감, 맑은 날의 행복감과 자유로움을 느끼게 쓸 수 있습니다.

"1) 날씨로 감정을 전달하기: 예를 들어, 비 오는 날 고독함을 느끼게 쓰거나, 맑은 날 행복함과 자유로움을 느끼게 쓸 수 있습니다." 태양이 작렬할 때의 자유로움에 대해 6줄 이내의 짧은 시를 써줘. 제목을 넣어 함축적으로 써줘

제목: 태양 아래의 자유
뜨거운 햇살 아래,
바람을 타고 나는 듯한 느낌이 든다.
몸은 묶여 있지만 마음은 자유롭게,
하늘을 향해 나는 듯한 느낌이 든다.

도시의 혼란 속,
태양 아래, 그 모든 것을 떠나
푸른 하늘 아래, 나만의 자유를 찾으며.

a closeup portrait of drops of dew on a blue petal, real photography, white lighting, express drops of dew, cinematic detailed 8k --ar 2:3

2) 날씨를 상징으로 사용하기: 날씨는 자연적인 요소이지만, 시에서는 인간의 감정이나 상황을 나타내는 데 적극적으로 활용될 수 있습니다.

 '2) 날씨를 상징으로 사용하기: 날씨는 자연적인 요소이지만, 시에서는 인간의 감정이나 상황을 나타내는 데 적극적으로 활용될 수 있습니다.' 이 글의 내용을 갖고 스산함 바람 대문에 인생 무상의 상태를 그려내고 있는 시를 써줘. 6줄 이내의 짧은 시로 써줘. 의인법을 넣고, 시각적 이미지를 활용해서 써줘. 제목도 따로 붙여줘

 바람과 함께

바람과 같은 인생

바람이 마음을 감싸 안을 때,
삶의 무게를 중심에서 느끼며
스산한 소리가 내 귓가에 퍼질 때,
인생의 조각들은 파편처럼 느껴졌죠.
그러나 그 바람은,
나에게 새로운 희망을 안겨주었습니다.

AI가 생성한 시가 마음에 들지 않으면 명령어를 다시 넣을 수 있습니다. 몇 번이고 반복해 시를 다듬으면 됩니다.

3) 날씨에 따른 자연의 모습을 연상시켜 묘사하기: 날씨는 자연의 변화를 묘사하기에 좋은 소재입니다. 낙엽, 바람, 첫눈 등 날씨와 연관된 다양한 요소들을 활용해 사실적이면서도 이질적인 이미지를 만들 수 있습니다.

 3) 날씨에 따른 자연의 모습을 연상시켜 묘사하기: 날씨는 자연의 변화를 묘사하기에 좋은 소재입니다. 낙엽, 바람, 첫눈 등 날씨와 연관된 다양한 요소들을 활용해 사실적이면서도 이질적인 이미지를 만들 수 있습니다. 이 내용을 갖고 시를 써줘. 첫눈을 소재로 사실적이면서도 이질적인 이미지를 넣어 시를 써줘. 6줄 이내의 짧은 시를 써줘. 제목도 달아줘.

2. 음식과 관련된 시 쓰기

음식은 우리 일상에서 항시 존재하는 소재이기 때문에, 시를 쓰는 데 적극적으로 활용될 수 있습니다. 식품과 관련된 문화, 사회적 의미, 인간의 생각, 각종 경험과 추억 등이 모두 시의 소재가 될 수 있기 때문입니다.

사람들이 음식을 소재로 시를 쓰는 이유는 다양합니다. 그중에서도 가장 대표적인 것은 음식이 인간에게 어떠한 감정이나 경험을 불러일으키는 역할을 한다는 점입니다. 음식에는 복잡한 공정을 거쳐 만들어진 맛과 체험, 문화적, 지리적, 역사적 배경 등이 포함되어 있습니다. 다양한 측면에서 인간은 음식과 가장 감성적으로 가깝게 관련되어 있습니다.

두 번째, 음식과 관련된 문화 혹은 지역에 대해 조사하는 것입니다.
각 지역마다 해당 지역 고유의 특색을 가진 음식이 존재합니다. 지역 사람들이 그 음식에 대해서 느끼는 감정이나, 그 음식이 지닌 문화적 배경 등을 파악하여 시로 표현하는 것은 매우 재미있는 경험이 될 수 있습니다. 이 글을 기초로 함흥 비빔냉면에 대해 써줘. 매콤한 함흥냉면을 소재로 위의 내용을 시로 써줘. 6줄 이내로 구체적인 경험이 들어가게 써줘. 묘사를 잘 활용해 제대로 형상화한 시를 써줘. 제목 쓰고 줄 바꿈해서 써줘 음식은 각각의 특별한 맛과 향기, 색깔 등을 통해 개성적인 경험을 제공합니다. 이를 시에 녹여낸 작품이 많습니다. 특히 백석의 시는 음식 관련한 소재가 많습니다. 음식은 일상적인 삶에서 빼놓을 수가 없습니다. 소소한 일상 속에서 수많은 음식을 통해 사람들을 만나고 친밀해집니다.

음식과 관련된 시의 소재를 찾는 방법은 다양합니다.

첫 번째, 자신이 좋아하는 음식에 대해 생각해 보기입니다. 좋아하는 음식이나 요리를 소재로 활용하면, 그것에 대한 애정과 열정이 시에 투영됩니다. 그렇기 때문에 자신이 좋아하는 음식에 대해서 공감대를 형성하기 쉽고, 이를 바탕으로 시로 표현할 수 있습니다.

 내가 좋아하는 음식은 진 옥수수 알갱이를 씹을 때의 쫀득한 식감과 고소한 맛을 이미지를 넣어 6줄 이내의 짧은 시를 넣어줘. 어릴 때 4명의 가족들이 찐옥수수를 가운데 놓고 먹고 있는 화목한 분위기야. 추억이 깃든, 그리움의 정서를 표현한 시를 써줘. 6줄 이내의 짧은 시를 써줘. 제목 넣고, 한 줄 바꾸고 시를 써줘.

 금빛 옥수수

가족 네 사람, 함께 앉은 풍경
금빛 옥수수, 쫀득한 식감과 고소한 맛
화목한 분위기 속 어린날 추억 깃들어
찐옥수수 한 그릇, 중심에 놓인 우리
맛있는 입맛에 행복 가득한 순간
그리움의 정서 마음을 감싸네

두 번째, 음식과 관련된 문화 혹은 지역에 대해 조사하는 것입니다.

각 지역마다 해당 지역 고유의 특색을 가진 음식이 존재합니다. 지역 사람들이 그 음식에 대해서 느끼는 감정이나, 그 음식이 지닌 문화적 배경 등을 파악하여 시로 표현하는 것은 매우 재미있는 경험이 될 수 있습니다.

stain watercolor rough sketch of a scene where asian family members sit around and share steamed corns and laugh together, detailed and focus on steamed corns, foreground is steamed corns, backgound is family --ar 2:3

매콤한 함흥냉면의 노래

바닷가 바람에 춤추는 물결 속
함흥의 향기, 간직한 음식의 고독한 노래
매운 맛이 혀 끝을 자극하며 춤을 추네
비린 맛과 짭짤함이 어우러진 그 면은
지역 사람들의 향수를 담아 흐르고
얼음 위에 신선함이 고요히 펼쳐져
젓가락으로 물기를 닦으며 한 입 삼키면
내 안에 함흥의 기억이 살아나네

AI 뤼튼이 생성한 시가 흡족하지 않아 다시 요청했습니다.

세 번째로 음식과 관련된 추억이나 경험에 대해 쓰는 것입니다. 어떤 음식을

 '기억'이나 '향기', 또는 '고독'을 넣어 제목을 다시 써줘. 한 편의 완성된 시를 다시 써줘

 고독한 향기, 함흥냉면의 기억

바닷가 바람에 춤추는 물결 속
고독한 향기, 그리움을 간직한 음식
매운 맛이 혀 끝을 자극하며 춤을 추네
비린 맛과 짭짤함이 어우러진 그 면은
지역 사람들의 향수를 담아 흐르고
얼음 위에 신선함이 고요히 펼쳐져
젓가락으로 물기를 닦으며 한 입 삼키면
내 안에 함흥의 기억이 살아나네
고독한 향기, 함흥냉면의 기억 속에서
나는 옛 사랑과 아련한 추억을 만난다

먹으면서 느꼈던 감정이나 그 음식과 관련된 추억 혹은 경험을 생각해 보면, 그

것을 시로 표현하는 것이 가능합니다. 이러한 과정에서 공감대를 형성하고, 음식

에 대한 풍부한 감정을 표현할 수 있습니다.

 세 번째로 음식과 관련된 추억이나 경험에 대해 쓰는 것입니다. 어떤 음식을 먹으면서 느꼈던 감정이나 그 음식과 관련된 추억 혹은 경험을 생각해 보면, 그것을 시로 표현하는 것이 가능 합니다. 이러한 과정에서 공감대를 형성하고, 음식에 대한 풍부한 감정을 표현할 수 있습니다. – 이 글을 토대로 목포에 내려가 친척들이랑 홍어회를 먹었던 추억에 대해 시를 써줘. 시큼하 면서 톡쏘는 홍어회의 맛을 생동감 있게 표현한 시를 써줘. 제목을 쓰고 줄바꿈 해서 6줄 이 내의 시를 직유와 은유를 사용해서 써줘

 톡쏘는 홍어회의 맛

바다 풍경이 펼쳐진 목포 해안
친척들과 함께한 따뜻한 가족 시간
홍어회의 맛, 미끄러지듯 살며시
시큼한 맛이 혀에 닿을 때마다
마음은 들뜨고 삶의 힘이 솟아올라
그 시원함은 한 입으로 전해져
홍어 회오리가 마음을 감싸며 춤을 추네
모든 걱정과 고민이 잠시 멈추고
나는 자유로운 바다를 느낀다

 위의 시를 좀더 세련되게 다듬어 줘

 바다의 선율, 홍어회

푸른 목포 바다 향기 속에
가족과 함께한 따뜻한 시간
홍어회의 맛, 입안에서 춤을 추네
마치 음악처럼 흐르는 홍어의 시큼함
혀 끝에서 산뜻한 여운이 번져
시원한 바람이 마음을 자유롭게 날려
홍어 회오리가 마음을 감싸며 춤을 추네
고요한 파도와 함께 나는 세상에 빠져들고
바다의 선율로 행복을 만나네

네 번째로 영화, 소설 등 작품에서 음식과 관련된 장면 몰아보기입니다. 작품에 등장하는 음식이나 그 음식과 관련된 문화, 인간의 감정 등을 파악하여 시로 표현하는 것도 좋은 방법입니다.

 영화 〈화양연화〉에 나온 만두를 갖고 시를 써줘. 이별을 소재로 6줄 이내의 짧은 시를 써줘. 제목 아래 줄바꿈을 두 번 하고 시를 써줘

 별빛 만두

밤하늘 별빛 담은 한 입의 만두
달콤한 기억과 씁쓸함이 어우러져
입안에 스며든 이별의 그림자
만두통에 감춰진 이야기 흘러나오며
마음 한 켠에 서려있던 추억 번져가네
만두를 먹으며 안녕을 고하네
바람처럼 작별의 인사 흩날리고
그리움으로 가득한 별빛 만두 속에서
나는 널 잊지 못하는 이별을 맞이한다

음식을 소재로 시를 쓸 때는 음식의 모양, 색상, 향 또는 맛에 대해 자세히 묘사합니다. 또 그 음식이 가지는 문화적인 의미나 역사적인 배경에 대해 소개해 보는 것도 좋은 방법입니다. 음식과 관련된 자신만의 경험이나 추억 등을 담아 독자의 공감을 끌어낼 수 있습니다. 음식을 먹는 행위와 삶의 이면에 대해 연결 짓기를 하면 시의 격을 높일 수 있습니다.

 음식을 소재로 시를 쓸 때는 음식의 모양, 색상, 향 또는 맛에 대해 자세히 묘사합니다. 또 그 음식이 가지는 문화적인 의미나 역사적인 배경에 대해 소개해 보는 것도 좋은 방법입니다. 음식과 관련된 자신만의 경험이나 추억 등을 담아 독자의 공감을 끌어낼 수 있습니다. 음식을 먹는 행위와 삶의 이면에 대해 연결짓기를 하면 시의 격을 높일 수 있습니다. 이 내용을 기초로 음식 소재 10가지를 활용한 시의 주제를 써줘

음식 소재를 활용한 시의 주제:

1. 커피: 아침의 여유와 함께 흘러가는 시간을 담은 커피의 맛과 향기.
2. 초콜릿: 달콤한 유혹과 감성을 담은 초콜릿의 색감과 부드러움.
3. 파스타: 이탈리아 문화와 역사를 느낄 수 있는 파스타의 다양한 모양과 맛.
4. 김밥: 작지만 풍부한 맛과 함께하는 한국 가정의 따뜻한 추억.
5. 와인: 우아하고 세련된 분위기 속에서 마주하는 와인의 향과 음미.
6. 딸기: 사랑과 청춘을 상징하는 붉은 딸기와 그 신선함에 대한 이야기.
7. 스파이시 음식: 매운 맛으로 전해지는 열정적인 문화와 자유로움.
8. 새우 요리: 바다에서 얻은 싱그러운 맛으로 여행과 자유를 상상하며 즐기는 순간들.
9. 차: 차 한 잔으로 깊어지는 내면적인 여유와 명상적인 순간들.
10. 아이스크림: 어린 시절 추억에 젖어든 달콤하고 시원한 아이스크림의 즐거움.

위의 소재 1번 '커피'를 갖고 AI에게 시를 생성해 달라고 했습니다.

커피: 아침의 여유와 함께 흘러가는 시간을 담은 커피의 맛과 향기. – 이것을 토대로 6줄 이내의 시를 써줘. 구체적인 경험이 들어가고, 청각적 이미지를 넣어 6줄 이내로 써줘. 매일 아침 리추얼처럼 모닝 커피 마시는 행위가 들어간 짧은 시를 써줘. 제목 쓰고 줄바꿈해서 써줘

아침의 물결

창문 너머 햇살이 쏟아질 때
머그잔에 담긴 커피 향기 사방을 감싼다
따뜻한 잔을 손에 쥐고 입술에 대면
찰랑찰랑 부드럽게 스치는 소리가 울려 퍼진다
새벽의 고요함이 번져나오며
커피와 함께 시간을 깨운다

위의 시는 몇 번의 명령을 넣어서 수정된 시입니다.

12차시

산문시 쓰기

산문시는 산문散文과 시詩를 결합하여 지어진 용어로, 산문적인 글쓰기와 시적인 표현을 조합해서 사용하는 시의 한 형태입니다. 산문시는 형식적인 제약 없이 자유로운 문체와 형태를 가지고 있습니다. 정해진 양식이 없는 비격식의 시입니다. 산문시는 자유로운 주제와 구성 방식 또한 자유롭습니다. 논리적인 구성을 중요하게 여기면서도 자유로운 문장을 구성해 표현합니다. 개인적이며 추상적인 주제도 다룰 수 있습니다. 일상적인 주제는 물론 개인적인 감정, 인물, 장소 등 모든 것을 표현할 수 있습니다.

산문시의 주된 구성요소는 '주제', '리듬', '감상'으로 나눌 수 있습니다. 먼저, '주제'는 글의 중심이 되는 주요 내용을 말합니다. '리듬'은 글 내에서 고르게 분포하는 구절 사이의 박자나 간격과 같은 것들을 말합니다. 즉, 긴 문장, 짧은 문장, 간격이 일정한 문장, 끊기는 문장 등 다양한 문장 패턴을 사용하여 음악적인 효과를 줄 수 있습니다.

'감상'은 산문시를 쓰는 작가의 개인적인 감정, 경험, 생각 등을 담아내는 것을 말합니다. 산문시에서 이러한 구성 요소들이 서로 조화를 이루어 함께 작용함으로써 생생하고 감흥적인 느낌을 주게 됩니다. 개인적인 경험과 생각 등을 잘 혼용해서 구성할 때 좋은 산문시가 될 수 있습니다. 산문시에서는 경험에 대한 내용들을 표현할 때 간결성을 유지해야 합니다. 또한 단어와 구절의 반복 기법도 효과적으로 사용됩니다. 이러한 기법을 사용함으로써 독자는 더욱 감동적인 산문시를 느끼게 됩니다.

산문시 작성에 있어서 주요한 포인트는 다음과 같습니다.

첫째, 글을 쓸 때 논리적인 구조를 지키는 것이 중요합니다. 어떠한 주제가 인상적이고 감동적이더라도 글의 구조가 제대로 이루어지지 않는다면, 작가가 담고자 하는 메시지가 흐려지게 됩니다. 둘째, 구절의 흐름이 자연스럽게 진행될 수 있도록 문장의 길이와 끝맺음 등에 유의해야 합니다. 마지막으로, 감각적인 느낌을 담아내는 것이 중요합니다. 글쓰기는 단순한 정보 전달보다는 일종의 예술적인 행위입니다.

산문시는 감성적인 요소와 논리적인 구성, 예술적인 장치를 결합한 창작 활동입니다. 작가가 자신만의 리듬과 흐름을 창출하여 자신의 감성을 생생하게 담아낼 수 있습니다.

산문시를 작성할 때 주의할 점이 몇 가지 있습니다.

첫째, 산문시에는 주제가 매우 중요합니다. 산문시를 구성할 때에는 주제를 명확하게 정하고, 주제와 관련하여 대화할 내용을 충분히 준비해야 합니다. 이때 주제가 너무 일반적이거나 흔해서는 안 되며, 작가가 가지고 있는 독특한 관점과 생각을 담을 수 있는 참신한 주제가 필요합니다.

산문시를 쓰기 위해 주제 10가지만 구체적으로 써달라고 했습니다.

 산문시를 쓰기 위한 주제 10가지만 구체적으로 써줘

 1. 물결 소리와 함께 하는 바닷가의 풍경
2. 산야에서의 조용한 산책
3. 도시의 번잡함과 고요함 사이에서
4. 바람이 부는 가을 날의 나무들
5. 비 내리는 창밖, 빗소리와 함께 하는 독서 시간
6. 고요한 호수 위에 우거진 연꽃들의 아름다움
7. 산림욕으로 인해 찾아온 자연과의 만남
8. 도심 속 카페에서 흐르는 사람들의 이야기
9. 일몰을 바라보며 느끼는 저녁노을의 아름다움과 여운
10. 비 오는 날 창문 너머로 들려오는 자연 소리들

둘째, 산문시는 글이나 시 둘 다와 같이 흐름이 유지되는 것이 중요한 장르입니다. 따라서 산문시 작성 시 논리적인 순서와 일관성을 유지하는 것이 필수적입니다. 작가는 글의 주제를 연속적으로 이어주는 흐름을 작성함으로써 독자의 이해를 돕고 작품의 긴장감을 높일 수 있습니다.

 제주도 여행갔던 것을 추억하는 산문시를 쓸 거야. 올레길을 혼자 걸으며 나를 마주했던 경험을 논리적인 순서와 일관성을 유지한 산문시로 써줘. 10줄 이내로 공감이 가는 제목을 넣어 써줘. 제목을 넣고 줄바꿈 한 다음 시를 써줘

 올레길에서 나를 만나다
올레길을 걷고 나서, 피로와 괴로움이 사라지고 새로운 에너지가 넘쳤다. 고난과 어려움을 이겨내며 평온함과 용기를 발견했다. 바위들은 난관이었지만, 내게 힘을 주었다. 숲의 산들바람은 새로운 에너지를 불어넣었다.
해안절벽은 용기를 일깨워주었다. 해돋이는 새로운 시작과 믿음으로 가슴을 설레게 했다. 오름들은 인내와 성취감을 주었다. 제주의 밭들은 열심히 일하는 사람들의 모습에 감동하고 격려했다.

막바지에 도착하면서, 나는 되돌아보았다. 나 자신과 진정한 용기, 내면의 평화를 올레길에서 발견할 수 있었다. 올레 길에서 나를 만나다니, 정말 소중한 여정이었다.

'논리적인 순서와 일관성을 유지한' 산문시를 써달라고 했더니, 시에 '일관성' '유지'라는 시어를 썼네요. 이처럼 AI는 내가 원하는 답을 가져다주지 못할 때가 있습니다. 그러면 다시 명령을 내리면 됩니다.

셋째, 자신의 생각과 감정을 자유롭게 담아낼 수 있는 시와 달리, 산문시는 현실성을 중시합니다. 따라서 산문시 작성 시 더욱 구체적인 현실을 담아내는 것이 중요합니다. 구체적인 장소, 사람, 사물 등을 이용하여 글을 구성하는 것이 좋습니다. 시인은 산문시를 통해 독자를 현실 속으로 인도해 생생한 경험을 전달할 수 있습니다.

 교보문고에서 책을 사는 나의 여정을 갖고 산문시를 쓸거야. 문을 열고 들어가는 순간부터 서점만의 풍경이 나를 편안하게 해. 책 속 세상을 여행하며 행복하기도 하지만, 내게 교보문고 나들이는 나를 위한 나만의 리추얼로 자리잡았어. 이런 내용을 담을 거야. 제목도 넣어주고 구체적인 장면을 그릴 수 있도록 써줘. 제목도 붙여주고, 줄바꿈해서 내용을 쓰되 직유법과 은유법, 의인법을 사용해서 써줘.

 책의 세계, 아름다운 여정
문을 열어 서점으로 발걸음을 옮기는 순간, 마법이 흐르듯 공간이 환해진다.
서점 안으로 발걸음을 디딜 때마다, 종이와 잉크가 흘러나오는 향연에 내 영혼은 빠져든다.
책 속 세계로 몰두함에 따라 상상력의 날개가 폈으며, 각 페이지마다 새로운 이야기들이 시작되고 지식과 감동을 만끽한다.
책 사러 가는 것은 의미 있는 순례일 것이며, 서점에서 받아지는 평온함과 영감은 보물처럼 귀중하다.
모든 경험이 아름답게 펼쳐질 수 있는 기반이 되었고 그 안에서 예리한 인식력으로 새로운 세계를 탐험한다.
그래서 책의 세계와 아름다운 여정 – 거기서 출발하는 모든 순간들이 무한한 감동과 열정으로 넘치길 바란다.

제목이 마음에 안 들 때는 이렇게 AI한테 명령을 내리면 됩니다.

 위 시의 제목을 다섯 가지만 써줘

1. "문을 열어, 서점으로"
2. "서점의 향연"
3. "책 속 세계로의 여정"
4. "읽는 것은 의미 있는 순례"
5. "영감과 감동의 보물창고"

제목을 '나를 마주한 순간' 또는 '작은 문'이라고 수정하면, 시의 내용과 제목과의 낙차가 생겨서 독자에게 전하는 울림이 큽니다. '작은 문'이란 제목은 나의 성장과 여정이 책이란 작은 문을 열며 계속된다는 의미에서 정해 봤습니다.

미드저니 프롬프트

a woman holding a book in her hand, in the style of realistic portrait painter, joyful, speedpainting, mashup of styles, light-filled scenes, smilecore, brown and amber --ar 2:3

마지막으로, 산문시는 산문^{줄글}으로 시인의 개인적인 감정과 경험 그리고 생각 등을 리듬보다는 의미에 중점을 두는 장르입니다. 시에 산문적 리듬을 가미해 시인 자신의 감정을 자유롭게 담아내 같은 경험을 하는 독자들의 공감을 이끌어내야 합니다. 이때 시인은 감성적이면서도 현실감을 유지하며 감정을 표현하는 것이 좋습니다.

마지막으로, 산문시는 산문(줄글)으로 시인의 개인적인 감정과 경험 그리고 생각 등을 리듬보다는 의미에 중점을 두는 장르입니다. 시에 산문적 리듬을 가미해 시인 자신의 감정을 자유롭게 담아내 같은 경험을 하는 독자들의 공감을 이끌어내야 합니다. 이때 시인은 감성적이면서도 현실감을 유지하며 감정을 표현하는 것이 좋습니다.
위의 내용을 토대로 북한산에 친구들과 등산 갔다가 혼자만 길을 잃은 경험을 담은 시를 써줘. 시의 배경은 진눈깨비가 내리는 저녁 5시의 산속이야. 아무도 없는 어두컴컴한 산 속에서 길을 잃은 막막함을 시에 구체적으로 담아줘. 6줄이내의 시를 써줘. 생동감 있는 제목을 써줘.

제목: 길을 잃은 산속

진눈깨비 내리는 산속. 저녁 5시. 친구들과 함께한 북한산 등산 시작했지만 혼자 남겨진 어둠 속에서 막막함이 번져와 망설이는 발걸음, 좁아지는 시야. 하지만 희망의 불꽃은 내 안에 타오르며 별들과 대화하며 나아가는 용기를 갖게 되었다. 내 마음의 나침반은 자유로운 바람과 고요한 산의 울림을 따라 움직인다. 어떤 고난과 도전이 있더라도 굳건히 서서히 앞으로 나아간다. 비록 길을 잃었다 해도, 이 순간부터 모든 것이 달라질 것이다. 한 발 앞에 놓인 작은 돌조각 하나 하나가 인생의 수레바퀴를 움직여 성장할 수 있는 기회로 변한다. 길을 찾아 나선다면, 그곳에서 나를 기다리고 있는 보상들을 만날 수 있을 것이다. 그곳에서 피어나는 꽃들과 함께하는 일몰의 아름다움, 청량한 계곡 소리와 함께하는 여유로움.
산속에서 길을 잃었다면, 그저 멈추지 않고 계속해서 앞으로 가자. 오늘보다 더 멋진 경치와 삶의 의미가 우리를 기다리고 있다.

정리하면, 산문시를 작성할 때는 구체적인 주제를 선정하고, 논리적인 흐름과 일관성을 유지하는 것, 구체적인 현실을 담아내는 것, 작가의 감정을 표현하는 것 등이 중요합니다. 이러한 요소들을 고려하여 작성하면 생동감 넘치는 감동적인 산문시를 쓸 수 있을 것입니다.

제2부

—

미드저니로
AI ART 하기

Part 1
—
도전!
미드저니 10분 컷

1차시

AI 그림으로의 여정, 입문

1. 미드저니 Midjourney 항해의 시작

Open AI의 'ChatGPT'가 거센 돌풍을 일으키면서 그 영역이 그림, 사진 같은 이미지를 만들 수 있는 '이미지 생성 AI'쪽으로도 확장이 되었습니다. 간단한 텍스트 입력만으로도 화려한 그림을 생성해 주는 많은 AI들이 등장하였고, '미드저니Midjourney' 또한 그 흐름에 생겨난 강력한 '이미지 생성 AI' 중 하나입니다.

그림 1-1. 미드저니(Midjourney) 웹사이트 https://www.midjourney.com/

1) 이미지 생성 AI 이해하기

AI는 'Artificial Intelligence'의 준말입니다. 쉽게 인공지능이라는 뜻으로, 이제는 'AI'라는 새로운 단어로 정착된 모습입니다. '이미지 생성 AI Image Generative AI' 역시 이미지를 생성해 주는 인공지능이라는 뜻입니다. 여기서 이미지를 변형하거나 편집하는 것이 아닌, 새로운 스타일과 내용의 이미지를 생성한다는 것이 지금까지 사용되었던 이미지 프로그램들과의 큰 차별점이라 할 수 있습니다. 기존과는 완벽히 구분되는 새로운 분야가 생겨난 것입니다.

현재까지 '이미지 생성 AI'들은 'Text to Image'의 방식으로 생성이 됩니다. 향후 'Voice to Image' 등의 새로운 접근방법이 생길 수는 있겠지만, 자신의 생각을 몇 마디 텍스트 입력만으로 드라마틱한 이미지를 생성한다는 것은 가히 놀랍다고 말하지 않을 수 없는 현실입니다. 이에 빠르게 수많은 사용자층을 확보하면서 다양하게 이용되고 있습니다.

미드저니 Midjourney 이외의 대표적인 이미지 생성 AI로는 OpenAI사의 '달리 2 Dall.E 2', 오픈소스 기반의 '스테이블 디퓨전 Stable Diffusion' 등을 들 수 있습니다. 흔히 '이미지 3대장'이라고도 지칭이 되고, AI를 사용하는 사용자층과 학습된 이미지 데이터 측면에서 여타 이미지 생성 AI들에 비해 독보적이라 할 수 있습니다. 각 AI마다 독특한 장단점이 존재하고, 폭 넓게 사용되고 있습니다.

그 밖의 이미지 생성 AI들로는 마이크로 소프트사의 '달리2 Dall.E 2' 기반 '빙챗 Bing Chat 이미지 센터', '스테이블 디퓨전 Stable Diffusion'을 기반으로 제작된 '플레이그라운드 Playground' AI, 미드저니처럼 디스코드 플랫폼을 사용하는 '레오나르도 Reonardo' AI, 한국인들에게 특화된 '포킷 Pokeit' 등을 언급할 수 있습니다. 또한 기존 텍스트 생성AI로 시작하였으나 이후 버전업을 통해 부가적으로 이미지를 생성할 수 있도록 만든 '뤼튼wrtn', '아숙업AskUP' 등 다수의 이미지 생성 AI들이 있으며, 'Adobe'사의 'Firefly'처럼 정식 출시를 앞둔 AI들도 있는 상황입니다.

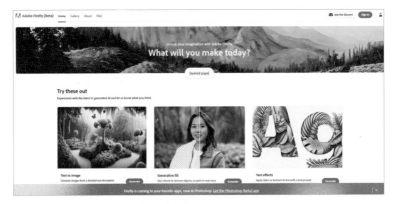

그림 1-2. FireFly 웹사이트 https://firefly.adobe.com/

2) 디스코드 가입

이제 여러분의 상상력과 창조적인 활동을 도와줄 미드저니의 세계로 흥미로운 여정을 시작해 보겠습니다. 먼저 https://www.midjourney.com/으로 접속하여 웹사이트 오른쪽 하단의 'Sign in' 버튼을 클릭합니다. 그러면 아래 그림 1-4와 같이 '디스코드 https://discord.com/'에 '계정 만들기'라는 새로운 창이 뜹니다.

그림 1-3. 미드저니 홈페이지의 가입 'Sign In' 버튼 클릭

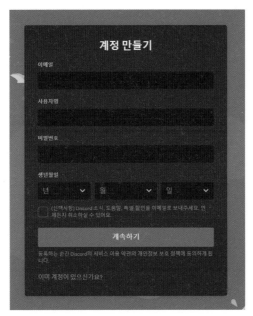

그림 1-4. 디스코드의 가입, 인증

미드저니는 디스코드 플랫폼을 사용하기 때문에 디스코드라는 곳에 가입을
해야 합니다. 다소 번거로울 수도 있지만, 위 그림1-4 이후로 천천히 따라가시면
가입과 인증이 마무리됩니다. 좀 더 자세한 디스코드의 사용방법에 대해서는 많
은 블로그나 유튜브 등에 포스팅이 되어 있으므로 그곳을 참조하시기 바라며, 우
리는 미드저니와의 여정에 좀 더 집중해 보도록 하겠습니다.

2. 미드저니 살펴보기

디스코드를 통해 가입, 인증을 한 후 PC버전의 디스코드를 다운받고 실행하
면 아래와 같은 화면을 만나게 됩니다. 처음 디스코드를 사용해 보시는 분들은
"이게 무엇인가?"라는 의문과 답답함이 밀려올 수도 있고, "과연 이러한 곳에서
이미지를 만들 수는 있나?"라는 의구심마저 들게 됩니다. 필자도 그런 경험을 겪

었기에 차분히 하나씩 설명하도록 하겠습니다.

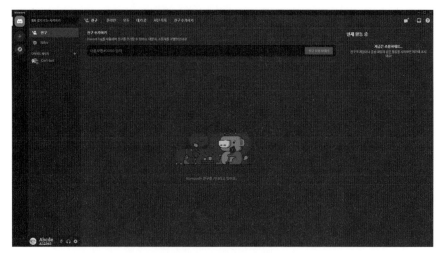

그림 1-5. 디스코드 입장 화면

그림 1-6. 좌측 상단 "+" 버튼 클릭

그림 1-7. 서버 만들기에서 '서버 참여하기'

처음에 입장을 하면 사실 아무것도 없습니다. 당황하지 마시고 그림 1-6과 같은 좌측 상단의 '+'버튼을 클릭하면 그림1-7처럼 팝업창이 뜨게 됩니다. 팝업창의 가장 하단에 "이미 초대장을 받으셨나요" '서버참여하기'를 클릭합니다. 안내에

따라 다음 화면에서 그림1-8과 같이 '초대링크_{가입시 메일확인}'를 입력하고 우측하단
의 '서버 참가하기'를 클릭합니다.

그림 1-8. 초대링크 입력 후 '서버 참여하기'

디스코드 내의 미드저니 서버에 들어오게 됩니다.

그림 1-9. 미드저니 서버에 입장

1) 화면구성

위 그림 1-9의 세로로 중심부분을 제외한 좌측과 우측을 구분하여 확대하면

아래와 같습니다.

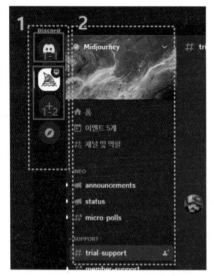

그림 1-10. 미드저니 서버 화면의 좌측 그림

그림 1-11. 미드저니 서버 화면의 우측

- **1번 영역** : 디스코드에 자신이 가입한 서버 목록을 나타내는 서버 영역입니다.
- **1-1번 영역** : 디스코드의 다이렉트 메시지 입니다. 클릭을 하면 받은 편지함과 같은 화면이 보입니다.
- **1-2번 영역** : 자신이 가입한 서버목록이 보입니다. 현재는 미드저니만 가입이 되었으므로 미드저니 로고 하나만을 볼 수 있지만, 그 아래의 '+'버튼을 클릭하면 다른 서버로 가입도 하고 목록에 나타나게 됩니다.
- **2번 영역** : 가입된 서버의 채널목록을 나타내는 채널 영역입니다. 이곳에 여러 개의 채널들이 존재하고, 그 채널들 중의 한 곳에서 작업을 하게 됩니다.
- **3번 영역** : 현재 서버에 사용자들을 표시한 사용자 영역입니다. 이미지를 생성해 주는 '미드저니봇'도 이곳에 함께 있습니다. 나중에 개인서버를 만들고 '미드저니봇'을 초대하면 2사람만 있는 것으로 나타납니다.

미드저니 채널 목록들을 천천히 보시고 그중에 'newbies-숫자'로 표시된 채널들 중 한 곳으로 입장합니다. 그러면 많은 사람들이 이미지를 생성하고 있는 모습이 보이고 그들의 작품들 또한 구경할 수 있습니다.

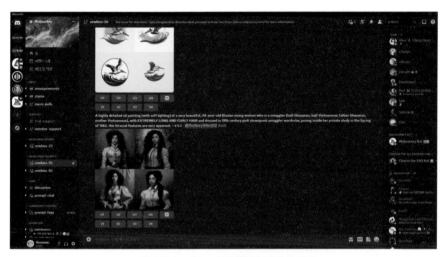

그림 1-12. 'newbies-숫자' 채널들 중 한 곳 입장

이제 여러분도 이곳에서 바로 이미지를 생성할 수 있습니다. 화면의 하단을 보면 명령어를 입력할 수 있는 프롬프트창이 보이게 됩니다. 이곳에 '/imagine'이라고 입력을 하고 생성하고자 하는 이미지의 텍스트를 입력을 합니다.

그림 1-13. 하단 입력창에 '/imagine' 입력 후 텍스트 입력

'/imagine' 명령어는 자동완성형으로 '/ima' 정도만 쳐도 명령어를 수행할 수 있는 리스트들이 자동으로 뜨게 됩니다. 클릭하거나 컴퓨터 자판의 'tap'키를 누르면 바로 텍스트 입력 영역으로 넘어갑니다. 그러면 테스트를 한번 해 보겠습니다.

그림 1-14. a smiling Korean woman 텍스트 입력

2) 사용 메뉴 알아보기

위의 그림 1-14의 테스트용 프롬프트를 이용해서 이어서 설명하겠습니다.

그림 1-15. a smiling Korean woman

프롬프트를 입력한 후 실행하면 4개의 이미지가 생성됩니다. 그림 1-15와 같이 좌측상단부터 1, 2, 3, 4번의 서로 다른 이미지들로 순서가 정해집니다.

•**A영역** : 업스케일 Upscale 버튼입니다. 1~4번까지 중 마음에 드는 번호의 그림한 장을 업스케일링합니다. 현재 생성된 4장의 이미지는 각 512x512 픽셀의 해상도를 가지고 있기 때문에 업스케일링을 통한 1024x1024 사이즈로 해상도를 높이

는 작업을 하는 버튼입니다. 위 그림 1-15에서 4번을 업스케일링해 보겠습니다.

그림 1-16. a smiling Korean woman 4번 업스케일링

* **D 영역** : 업스케일된 이미지를 다시 변형하고자 할 때 쓰이는 버튼입니다. 다시 4장의 이미지를 생성할 수 있습니다.
* **E 영역** : 업스케일된 이미지의 오브젝트를 더 멀리 보내 배경을 새롭게 생성해 줍니다. 또는 이미지의 구도를 바꿔주는 버튼들입니다. 책의 후반부 '합성과 변형'에서 자세히 다룹니다.
* **F 영역** : 미드저니 웹사이트로 이동을 하여 생성된 이미지를 보여줍니다.

• **B영역** : 변형Variation 버튼입니다. 각 번호에 해당되는 스타일로 다시 4장의 이미지를 만들고자 할 때 쓰입니다. 위 그림 1-15에서 2번을 변형Variation 해 보겠습니다.

• **C영역** : 처음부터 다시 4장을 만들고자 할 때 쓰는 'Redo' 버튼입니다. 클릭 시 처음 입력한 프롬프트에 맞는 다른 4장의 이미지를 생성합니다.

그림 1-17. a smiling Korean woman 2번 변형(Variation)

• 생성된 이미지를 저장하려면 이미지 위에서 오른쪽 마우스를 클릭합니다.

그림 1-18. a smiling Korean woman 4번 이미지 저장 클릭

파일이름을 변경하고 저장 버튼을 클릭하면 생성된 이미지가 PC의 '다운로드' 폴더로 저장됩니다. 여기서 주의하실 점은 '.png, .jpg' 등의 이미지 파일 확장자명을 반드시 같이 입력해야 합니다. 그렇지 않으면 이미지 파일이 아닌, 파일 이름명만 있고 종류가 지정되지 않은 파일로 저장이 됩니다.

그림 1-19. 이미지 저장

"디스코드란?"

오래전부터 게이머들에게 친숙한 디스코드는 강력하고 다재 다능한 커뮤니케이션 플랫폼으로 게임, 취미, 학습, 업무와 같은 다양한 목적을 위한 채팅과 음성/영상 통화 기능을 제공합니다. 사용자들이 텍스트 메시지, 음성 채팅, 영상 채팅, 스크린 공유 등을 통해 실시간으로 상호작용할 수 있는 공간을 제공함으로써 사용자들이 각자의 관심사를 공유하고 토론할 수 있는 커뮤니티를 구축하는 데 도움을 줍니다.

디스코드의 핵심 기능 중 하나는 "서버"라고 불리는 전용 채팅 방입니다. 이 서버는 개인이나 단체가 만들어 공개적이거나 개인적인 환경에서 의사소통을 할 수 있도록 합니다. 각 서버는 다양한 "채널"로 나뉘어 관리되며, 특정 주제에 대한 토론, 게임 플레이, 스터디 그룹, 심지어 직장의 업무 팀까지 관리할 수 있습니다. 또한 사용자가 다른 사용자에게 직접 메시지를 보낼 수 있는 개인 메시지 기능도 제공합니다. 이 기능은 친구와의 비공개 대화, 작은 그룹의 비공개 토론, 또는 팀의 프로젝트 관리 등에 유용하게 사용됩니다.

디스코드는 무료로 사용할 수 있지만, "Nitro"라는 프리미엄 서비스를 통해 추가 기능과 혜택을 제공합니다. Nitro 구독자는 더 큰 파일 업로드, 화질이 높은 비디오, 전용 이모티콘 등을 사용할 수 있습니다. 모든 디바이스에 호환되며 웹, Windows, macOS, Linux, iOS, Android 등 다양한 플랫폼에서 이용할 수 있습니다. 이렇게 다양한 플랫폼에서 접근이 가능하므로 사용자들은 언제 어디서든 서로 소통하는 것이 가능합니다.

디스코드는 2015년에 설립되어 꾸준히 성장해 왔으며, 그 사용자 기반은 1억 5천만 명을 넘어서며 전 세계적인 인기를 얻고 있습니다. 2022년 최고의 SNS 플랫폼으로 선정된 디스코드가 내놓은 강력한 이미지 생성 AI가 바로 '미드저니'인 것입니다.

2차시

미드저니봇을 초대하여 개인서버를 만들자

이번 장에서는 미드저니의 'newbies' 채널에서 빠져나와 자신만의 서버를 만들어 독립적으로 작업을 할 수 있는 환경을 만드는 방법과 미드저니가 가진 명령어들에 대해 알아보도록 하겠습니다.

1. 개인 서버 만들기

개인 서버를 만드는 이유는 'newbies'채널들이 너무 많은 사람들로 인해 자신의 작업을 잃어버리거나 집중되지 않기 때문입니다. 개인 서버에서 혼자 작업을 한다 해도 공개가 안되는 것은 아닙니다. 프로등급의 구독을 해야만 사용할 수 있는 '/stealth' 기능을 사용해야 타인이 내 작업을 볼 수 없습니다. 공개는 되지만 조용히 혼자 작업하고 집중력을 높이기 위한 방법이라고 생각하시면 좋겠습니다.

그림 2-1. 서버 추가하기   그림 2-2. 서버 만들기

　그림 2-1처럼 미드저니 전체 화면의 좌측에 '+' 버튼을 클릭하면 그림2-2 서버 만들기 팝업창이 뜹니다. 여기서 가장 위쪽에 있는 '직접 만들기'를 클릭합니다. 그 후에 '이 서버에 대해 알려주세요'라는 팝업으로 이어지면 '나와 친구들을 위한 서버'를 클릭하고 이어지는 화면에서 서버의 이름과 사진 등 '서버 커스터마이징하기' 화면이 나옵니다. 우측 아래에 '만들기' 버튼을 클릭하면 간단히 개인 서버가 만들어집니다.

그림 2-3. 완성된 개인서버   그림 2-4. 독립된 서버 공간

이제 여러분의 독립적인 작업공간이 미드저니에 생성이 되었습니다. 서버 우측 상단에 보시면, 본인 한 사람만이 서버에 들어와 있는 것을 보실 수 있습니다. 이제 상상력을 실현시켜 줄 '미드저니봇'을 초대해야 자신의 서버에서 '미드저니봇'을 개인화하여 작업하실 수 있습니다.

다시 '미드저니봇'이 있는 'newbies' 채널들 중에 아무 곳이나 '미드저니봇'을 찾아 클릭을 하면 아래의 그림 2-5와 같은 화면이 뜹니다. '서버에 추가'를 클릭합니다.

 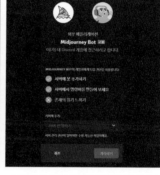

그림 2-5. 미드저니봇　　　　　　　그림 2-6. 미드저니봇 서버에 추가하기

모든 과정을 잘 따라오셨다면 아래의 그림처럼 자신의 개인서버에 미드저니봇과 함께두 명의 사용자만이 있는 것을 확인하실 수 있습니다.

그림 2-7. 완료된 개인 서버 세팅

'미드저니봇'은 쉽게 '챗봇'과도 같은 일을 수행한다고 보시면 됩니다. 나의 명령에 따라 충실히 그림을 생성해 주는 로봇입니다. 연습과 작업을 많이 하다 보면 수없이 많은 이미지 데이터가 쌓입니다. 타인과 섞이면 더욱 관리가 힘들어 반드시 개인서버를 이용하시길 추천합니다.

2. 미드저니 명령어

미드저니는 현재까지 디스코드 플랫폼에서 작동을 하고 있습니다. 개발사 측에서는 향후에 독립적인 웹사이트 방식으로 변경할 것이라고 하지만, 아직까지는 디스코드의 명령어 체계를 따라야 합니다.

미드저니에서 사용하는 명령어는 "슬래시/"로 시작합니다. 우리가 얘기하는 프롬프트는 명령어를 구성하고 있는 구체적인 이미지나 텍스트 등으로 생각하시면 됩니다.

1) /imagine : 미드저니가 가지고 있는 강력한 기능인 이미지를 생성할 때 쓰이는 명령어 입니다. 이 명령어를 실행하기 위해 텍스트나 이미지 프롬프트를 작성하는 것입니다. 앞으로 계속 학습해야 할 부분이기도 합니다.

2) /blend : 여러 개(5개까지)의 이미지를 합성할 때 쓰이는 명령어입니다. 이미지 프롬프트로만 구성되어 있고, 텍스트 프롬프트는 입력할 수 없습니다.

3) /describe : 견본이 되는 이미지를 업로드하면 그에 맞는 텍스트 프롬프트를 추출해 주는 명령어입니다. 이미지를 생성하는 것이 아닌, 거꾸로 생성된 이미지에 맞는 텍스트 프롬프트를 4가지 생성합니다. 책의 후반부에 자세한 학습이 있으니 이번 장에서는 이 정도만 다루겠습니다.

4) /fast : 말 그대로 미드저니 명령어 수행을 빠르게 실행합니다. 유료구독자들을 대상으로 설정할 수 있으며, 유료 구독자들도 플랜에 따라 월 부여된 시간이 다릅니다.

5) /relax : 위 패스트 모드와 반대되는 개념의 명령어입니다. 제한 없이 무제한 쓸 수 있지만 약간의 시간이 더 걸립니다.

6) /info : 사용자의 프로필과 정보, 현재 실행 중인 플랜에 대한 현재까지의 사용량, 사용시간 등을 확인할 수 있습니다.

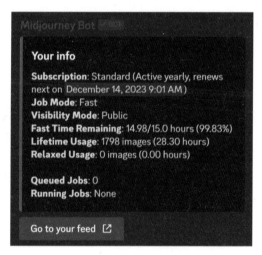

그림 2-8. /info 명령어

7) /stealth : 유료 플랜 중 프로 사용자 이상에서만 사용이 가능합니다. 다른 사람들이 자신의 작업을 볼 수 없게 해주는 명령어입니다. 반대로 '/public' 모드로 전환하면 됩니다.

8) /subscribe : 미드저니의 유료 구독 플랜을 보여줍니다.

	Basic Plan	Standard Plan	Pro Plan	Mega Plan
Monthly Subscription Cost	$10	$30	$60	$120
Annual Subscription Cost	$96 ($8 / month)	$288 ($24 / month)	$576 ($48 / month)	$1152 ($96 / month)
Fast GPU Time	3.3 hr/month	15 hr/month	30 hr/month	60 hr/month
Relax GPU Time	-	Unlimited	Unlimited	Unlimited
Purchase Extra GPU Time	$4/hr	$4/hr	$4/hr	$4/hr
Work Solo In Your Direct Messages	✓	✓	✓	✓
Stealth Mode	-	-	✓	✓
Maximum Concurrent Jobs	3 Jobs 10 Jobs waiting in queue	3 Jobs 10 Jobs waiting in queue	12 Fast Jobs 3 Relaxed Jobs 10 Jobs in queue	12 Fast Jobs 3 Relaxed Jobs 10 Jobs in queue
Rate Images to Earn Free GPU Time	✓	✓	✓	✓
Usage Rights	General Commercial Terms*	General Commercial Terms*	General Commercial Terms*	General Commercial Terms*

그림 2-9. 유료구독 플랜을 보여주는 '/subscribe' 명령어

• 'Fast GPU Time'이란 '/fast' 모드를 사용할 수 있는 월 전체 시간을 나타내는 것입니다. 위 시간을 초과할 경우, 추가로 구매에 대해 시간당 $4의 금액으로 구매를 해야 한다는 내용입니다. 반대로 'relax GPU Time'은 무제한으로 사용이 가능합니다.

• 'Work Solo In Your Direct Massages'는 다이렉트 메시지를 보내 독립적으로 작업을 할 수 있다는 내용입니다. 뒤에서 설명을 하겠지만 간단히 알아보겠습니다.

그림 2-10. 생성된 그림 위에서 마우스 우클릭 시 보이는 'envelope' 아이콘

주로 마음에 드는 작업에 대해 선별을 하여 모아두거나, 이미지의 'seed' 번호를 알기 위해 사용하는 방법입니다. 생성된 이미지의 위에서 마우스를 우 클릭하면 위와 같이 편지모양의 'envelope' 이모지를 볼 수 있으며, 클릭 시 미드저니봇에게 다이렉트 메시지를 보내게 됩니다. 좌측 최상단의 디스코드 편지함을 확인하면 그림이 도착해 있으며, 이 편지함에서 작업을 바로 할 수도 있습니다. 이 부분에 대한 자세한 내용은 뒷장 '합성과 변형' 장을 참조하시기 바랍니다.

그림 2-11. Direct Massage 편지함

• 'Maximum Concurrent Jobs'는 동시작업의 수를 나타낸 것입니다. 일반적

으로는 3개의 동시작업을 지원하며, 프로플랜 이상에서만 fast모드의 동시작업을 지원함을 알 수 있습니다.

- 미드저니는 유료 구독회원이 되면 저작권에 대해 자체적으로 보호를 합니다. 유료 구독회원이 생성한 모든 이미지는 저작권 문제에서 자유롭다는 내용인데, 특정작가의 이미지를 완전히 모방하려는 의도가 아니라면 개인적으로나 상업적으로 저작권의 문제에서 벗어날 수 있다고 봅니다.

위의 내용을 충분히 고려해 보시고 구독플랜을 생각하시길 바랍니다. 어차피 사용을 하려면 유료로 구독해야 하므로 자신에게 맞는 플랜이 어떤 것인가를 판단한 후에 사용 목적에 맞는 구독서비스를 선택하시기 바랍니다.

9) /remix : 생성된 이미지를 다시 생성하고자 'Make Variation' 버튼을 누르면 추가적인 프롬프트를 입력할 수 있도록 토글창을 띄워 줍니다. 사용자가 직접적으로 변형을 주어 이미지의 내용을 변경할 수 있습니다. Remix 모드로 바뀌게 되면 'Make Variation' 버튼도 파란색에서 초록색으로 변해져 있으며, 이미지 하단의 V1, V2, V3, V4 버튼을 클릭해도 같은 토글창이 뜨게 됩니다.

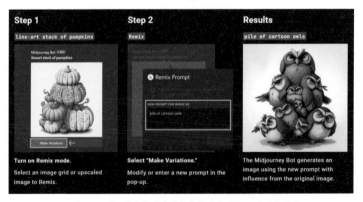

그림 2-12. 미드저니 홈페이지에서 설명하는 '/remix' 사용방법

10) /setting : 현재 미드저니에 세팅되어 있는 버전, 스타일 등을 보여주고, 클릭하여 바꿀 수도 있습니다. 명령어를 입력하면 아래와 같은 창이 뜹니다.

그림 2-13. '/setting' 입력 시 보여주는 세팅 창

11) /prefer option : 사용자가 자주 사용하는 파라미터들을 미리 지정하여 한 묶음으로 만들어 줍니다. 이에 여러 개의 파라미터들을 한번에 처리할 수 있도록 사용자만의 멀티 파라미터를 만드는 것입니다. 사용하는 방법은 아래와 같습니다.

그림 2-14. '/prefer option'에서 'mine'으로 임의의 멀티파라미터 만들기

'/prefer option set'을 입력하면 자동완성형이 나타납니다. 'mine'이라고 옵션 명을 임의적으로 지정하고, 'mine'의 값은 '--hd --ar 7:4'라고 설정하면 'mine'이라는 사용자 임의의 멀티 파라미터가 설정이 된 것입니다.

그림 2-15. '/imagine'에서 멀티파라미터 'mine' 사용하기

설정이 된 멀티 파라미터 'mine'을 이미지 생성에 사용할 수 있습니다. 위 그림 2-14에서 뒤의 '--mine'은 '--hd --ar 7:4'로 처리되어 실행됩니다. 현재 설정되어 있는 멀티 파라미터들을 보려면 'prefer option list'를 입력합니다. 아래의 그림 2-15와 같은 내용을 볼 수 있습니다.

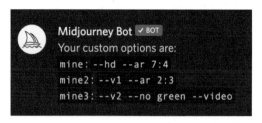

그림 2-16. '/prefer option list' 입력으로 설정 내용 보기

만약 특정한 멀티 파라미터를 지우고 싶으면 '/prefer option set 멀티 파라미터 명 to delete'를 입력합니다. 위에서 삭제를 원하는 것이 'mine2'이면 '/prefer option set mine2 to delete'를 입력하면 삭제가 됩니다.

12) /show + ' Job ID' : 과거에 자신이 작업했던 이미지의 'Job ID'를 입력하면 다시 호출하여 복구작업을 할 수 있습니다. 다시 처음 이미지 생성 때처럼 업스케일링과 변형 작업을 할 수 있는데, 이를 '리마스터링'이라고도 합니다. 'Job ID'를 확인하는 방법은 위에서 설명한 'envelope' 이모지를 이용하여 편지함에서 해당 이미지의 'seed번호'와 'Job ID'를 확인할 수 있습니다.

그림 2-17. 'Job ID'를 확인할 수 있는 편지함

위와 같은 메시지를 받을 수 있으며, 'Job ID'와 'seed' 번호를 확인할 수 있습니다. 참고로 'seed' 번호는 말 그대로 씨앗 이미지 역할을 하여 해당 이미지를 호출하여 합성이나 변형에 이용할 수 있습니다.

Part 2

—

소통의 키를 잡다
- 프롬프트

3차시

AI 그림과 설레는 첫만남

1. 프롬프트에 대한 이해

인공지능이라는 분야에 발을 들여 놓으시면 "프롬프트"라는 다소 생소한 단어를 정말 많이 접하게 됩니다. 옛날 도스Dos 프롬프트와 유사한 개념이라고 생각하셔도 되는데, 사실 키워드를 집어넣는 부분이라고 이해하시면 됩니다.

프롬프트라는 것은 쉽게 생각하시면 인공지능 AI와 인간과의 소통이라고 할 수 있습니다. 얼마나 잘 소통을 하는가에 따라 결과물이 틀려질 수도 있으며, 우리 인간이 보기에는 똑 같은 의미의 단어이지만, AI의 입장에서는 서로 다른 의미로 학습되었을 수도 있습니다. 따라서 AI의 생각과 인간의 생각이 서로 상충하고 일치하는 키워드를 찾아 넣는 것이라고 정리할 수 있습니다. 미드저니 역시도 프롬프트라는 상황에 맞는 적절한 키워드를 어떻게 넣어 주는가에 따라 생성되는 그림의 결과물이 틀려집니다.

한 가지 주의하실 것이, 프롬프트와 명령어에 대해 혼용하여 사용하시면 안된다는 것입니다. 미드저니는 앞서 언급했던 바와 같이 따로 명령어들이 존재하며, 이메진 명령어imagine prompt 내에 프롬프트가 존재합니다. 프롬프트 또는 프롬프트 키워드라고 생각하시길 바랍니다. 아래는 미드저니에서 사용하는 이메진 프롬프트imagine prompt영역에 대한 개념을 나타낸 것입니다.

1) **프롬프트** : 이미지 생성을 위해 입력하는 단어, 문자열
2) **프롬프트 필드** : 프롬프트를 입력하는 (커서) 공간
3) **프롬프팅** : 프롬프트를 작성하는 행위

/image prompt marvel, grey hair, man, space background

미드저니에서 사용되는 이미지의 생성 방법은 현재 대부분의 이미지 생성 AI들의 개발 기반이라고 할 수 있는 '클립 가이디드Clip Guided' 방식입니다. '클립Clip'이라는 모델은 문자와 이미지를 모두 처리할 수 있게 만들어 놓은 AI모델을 말합니다. 즉, "어떤 X라는 이미지와 X-1이라는 문자의 일치도는 어느 정도인가?"를 상호 비교하여 수치로 나타내는 AI입니다. 사용자가 특정의 텍스트를 입력했을 경우, 그것과 쌍의 조합을 이루는 그림을 찾아내어 텍스트를 이미지화하는 기술이라고 할 수 있습니다. 미술관이나 갤러리 등에서 큐레이터의 해설과 그림의 조합이라 생각하셔도 무방할 것 같습니다.

그림 3-1. marvel, superhero, by Steve Dillon

2. 프롬프트의 기본 가이드

1) 영어를 기본으로 합니다. 버전이 올라감에 따라 향후 한국어 입력 방법이 개발되고 출시를 하겠지만, 결국 영어로 되어있는 프로그램은 영어로 명령어를 입력하는 것이 기본입니다. 한글과 영어에서 같은 의미의 단어라도 분명히 미세한 차이가 발생하기 때문입니다.

2) 명확한 단어를 사용해야 결과값에 충실할 수 있습니다. 우리가 상식이라고 생각하는 부분도 명확히 적어주는 것이 좋습니다. AI는 여러 개의 프롬프트 단어를 조합하여 하나의 이미지로 생성하기 때문에 합치고 섞으려는 경향이 강할 수밖에 없습니다. 우리가 그냥 지나친 부분에 대해서는 임의적으로 나타낼 수 있으니 주의해야 합니다.
   • 긴 문장보다는 단어 형태의 명령이 효과적입니다.
   • 정확한 영어가 아니면 단어의 중의적 의미로 결과값이 달라질 수 있습니다.
   • strong hero보다는 mavel comics hero 보다는 ironman.

3) 키워드의 구분
   • ,(콤마, 쉼표)는 작은 구분에 사용합니다.
   • :: (더블 콜론)은 큰 부분에 사용합니다. 다중 프롬프트를 생성할 때 쓰이며, 뒷장에서 다룰 내용입니다.
   • ‒ (대시)는 둘 이상의 단어 등을 합칠 때 사용합니다.
   • ‒‒(더블 대시)는 마지막 파라미터를 선언할 때 사용합니다.

4) 미드저니에서는 중국어, 일본어의 프롬프트를 사용할 수 있습니다. 하지만 아쉽게도 아직 한국어를 직접 사용하지는 못합니다. 향후 버전이 올라감에 따라 한국어가 추가될 수도 있지만, 기존에 있는 중국어, 일본어를 사용할 경

우 동양직인 이미지나 화풍을 얻을 수 있습니다. 다만 일반적인 경우의 프롬 프트에서는 중의적, 언어 간의 갭 차이로 미묘한 차이가 발생할 수 있다는 것 을 명심하셔야 합니다.

그림 3-2. 일본어를 입력한 미드저니 결과물

3. 프롬프트의 구조

1) 프롬프트 영역

" /image prompt 이미지링크 + 텍스트프롬프트 + 파라미터"

'/image prompt' 영역은 자동완성형으로 생성이 됩니다. 미드저니 아래 입력 창에 '/ima'만 입력하고 클릭하셔도 되고 자판의 TAB 키를 누르셔도 됩니다. 우리가 입력해야 할 부분은 위 빨간색의 "이미지링크 + 텍스트 프롬프트 + 파라미터" 부분입니다.

2) 이미지링크

완성하고자 하는 이미지에 대한 참고 역할을 하는 부분이라 할 수 있습니다. 단순히 텍스트 기반으로 설명을 하는 것 보다 이미지링크[변형 전]를 활용하여 보다 원하는 이미지를 생성할 수 있습니다. 또한 이미지 한 개가 아닌 여러 개를 올릴 수도 있습니다.

그림 3-3. 이미지를 업로드할 수 있는 프롬프트창 (+표시)

프롬프트에 이미지 업로드를 하기 위해서는 프롬프트 창 좌측에 "+" 아이콘을 누르면 PC에서 이미지를 올릴 수 있는 팝업창이 뜹니다. 이미지를 찾아 올리

그림 3-4. 오른쪽 마우스 클릭 시 나타나는 이미지 저장, 링크 복사하기

거나 드래그하면 이미지가 업로드되고 URL링크가 생성됩니다. 생성된 URL링크를 복사하여 이미지링크 영역에 붙여넣기 하면 프롬프트 내에 이미지링크가 만들어집니다. 이 때 이미지링크는 복사했던 긴 이미지링크가 아닌, 미드저니에서 짧은 링크로 다시 만들어 주는 것이니 링크가 다르다고 당황하실 필요 없습니다

그림 3-5. 프롬프트 창에 복사한 이미지링크 붙여넣고 텍스트 작성

그림 3-6. 실행시 짧아진 이미지 링크

3) 텍스트 프롬프트

프롬프트를 공부하는 이유이기도 한 부분입니다. 이미지링크 다음에 콤마⸴로 분리를 하거나, 이미지링크 없이 바로 여러 단어, 구, 문장 등을 입력하여 원하는 이미지를 완성할 수 있으며 화풍, 대상, 상세묘사 등 다양한 입력으로 원하는 그림을 얻을 수 있습니다.

미드저니의 핵심 중에 핵심은 단연 텍스트 프롬프트입니다. 이것을 어떻게 사용하는가에 따라 그림 자체가 달라질 수도 있으며, 자유자재로 사용한다면 보다 훌륭한 그림을 쉽게 만들 수 있습니다. 텍스트 프롬프트의 구성은 일반적으로 아래와 같이 요약됩니다.

스타일(포맷), 오브젝트, 묘사, 참고작가, 구도, 조명, 보충

순서에는 관계가 없으며, 위에 해당이 없는 사항이라도 필요하면 넣을 수 있

습니다. 각 항목에 대한 내용은 다음 장에서부터 본격적으로 다루도록 하겠습니다.

그림 3-7. oil painting, portrait with a cat, sunset, by Klimt, super detail

4) 파라미터

미드저니의 프롬프트 3요소 중 마지막에 해당되는 영역으로 전체적인 이미지의 설정, 보정 등을 지정하는 곳입니다. 필요 없을 경우 작성하지 않아노 상관없으며, 이럴 경우 미드저니의 디폴트 값으로 출력이 됩니다. 매개 변수의 역할을 하는 부분으로 그림의 마지막에 파라미터 값을 입력하여 완성도를 높일 수 있습니다. '더블 하이픈--'으로 매개변수의 시작을 알립니다. 또한 주의할 점은 '더블 하이픈--'과 파라미터 이후의 값은 반드시 띄어쓰기를 하셔야 힙니다. 그렇지 않을 경우 실행이 되지 않습니다.

가장 많이 쓰는 파라미터의 예를 들면, 일반적으로 미드저니봇은 1:1사이즈의 크기로 그림을 만드는데, 사용자가 원하는 사이즈로 바꾸고 싶을 경우-ar 파라미터를 사용합니다. '--ar 9:16'이면 9:16 사이즈로 그림을 생성하고, '--ar 3:2'면 3:2 크기의 이미지를 생성합니다. 다른 파라미터들에 관한 내용들은 뒤에서 설명하겠습니다.

그림 3-8. ar 파라미터를 이용한 이미지 크기 설정

4차시

시작이 반, 반은 먹고 간다 - 오브젝트

1. 오브젝트

생성하고자 하는 구체적인 대상을 말하는 것으로, 앞서 프롬프트의 이해 편에서 언급했던 텍스트 프롬프트의 구성 요소 중 한 가지입니다. 오브젝트가 어떤 대상인가에 따라 함께 오는 프롬프트가 바뀔 수 있습니다. 예를 들어 수채화, 유화 스타일의 초상화, 사람의 증명사진과 같은 구도의 사진을 생성하고자 한다면, 'portrait'이라는 프롬프트 키워드만 있으면 어떤 스타일이든 미드저니에서 인식하여 생성하게 됩니다.

이것은 길게 설명하여 무엇인가를 생성하고자 하는 프롬프트의 비효율성과 비정확도에서 벗어난 간결한 프롬프트 키워드로서 훨씬 정확한 양질의 작품을 생성하는 데 도움을 줍니다. 또한 이후 계속적인 스타일의 작품을 생성할 때 작업의 속도와 연결성을 향상시키는 데 반드시 필요합니다. 따라서 오브젝트에 대한 분류를 먼저 하고 스타일 프롬프트 키워드에 맞게 접근하는 것이 올바른 방법입니다.

3장에서 언급했던 내용을 간략히 정리해 보겠습니다.

prompt	The prompt to imagine				
/imagine	prompt	http://imageURL1.png	http://imageURL1.jpg	description of what to imagine	--parameter 1 --parameter 2
		Image Prompts		Text Prompt	Parameters

/image prompt 이미지링크 + 텍스트프롬프트 + 파라미터

스타일, 오브젝트, 묘사, 참고작가, 구도, 조명, 보충

2. 오브젝트의 분류

1) 인물, 동물 프롬프트

(1) portrait 프롬프트

미드저니를 이용해서 그림 또는 사진을 생성할 때 인물이 그 대상인 경우 가장 많이 쓰이는 프롬프트는 'portrait' 입니다. 직접 해석하면 초상화이지만, 여러 가지 인물 대상 작품에 폭넓게 쓰인다고 할 수 있습니다.

(2) 옆모습을 나타내는 profile 프롬프트

인물의 옆모습을 생성하고자 할 때 쓰이는 프롬프트입니다. 'side view'라고 해도 유사한 이미지가 생성됩니다.

그림 4-1. watercolor, portrait, a handsome man   그림 4-2. Oilpainting, profile, a woman with red hair

(3) 인물 대상과 묘사에 쓰이는 구도

뒷장에서 구도에 대한 내용을 정리할 예정이지만 인물그림, 사진 등에서 많이 쓰는 구도들은 함께 익히는 것이 좋습니다.

- full body shot : 전신 샷
- upper body shot : 상반신
- knee shot : 무릎 위 상반신
- back shot : 뒷모습
- close up shot : 근접 샷
- extreme close up shot : 초근접 샷
- selfie : 셀카 구도 샷

가끔 'full body shot'으로 프롬프트를 작성해도 완전한 전신 이미지가 나오지 않는 경우가 있습니다. 이럴 경우, 그림 4-3처럼 전신이 잘 나오게 구성할 수

그림 4-3. Oil painting, a woman with black shoes in the street, full body shot --ar 9:16

있는 신발 등의 표현을 프롬프트에 강제적으로 넣으면 됩니다.

마찬가지로 프롬프트의 표현은 얼굴과 머리에 집중하고 'full body shot을 넣어도 완전한 전신 이미지를 얻기가 힘듭니다. 이는 프롬프트의 표현 자체가 잘못된 것이라 할 수 있는데, 너무 프롬프트의 표현을 얼굴 쪽에 집중하니 당연히 얼굴 위주의 이미지가 나오는 것입니다. 이럴 때 역시 "with black shoes"와 같은 하반신 표현을 추가해 주면 원하는 이미지를 얻을 수 있습니다.

예) a woman with blue eyes and red hair, smile, full body shot (×)

→ a woman with blue eyes and red hair, smile, wearing leather pants, black shoes, full body shot (○)

(4) 어린이 표현을 위한 프롬프트

일반적으로 xx years old boy(girl) 등을 넣어도 되지만, 간단한 단어만으로 표현을 하는 것이 좀 더 효과적으로 어린이를 표현할 수 있습니다.

• Chibi, toddler : 매우 어린 아이, 갓난 아이, 단순 캐릭터 느낌
• Child : 초등학생 고학년 정도의 아이
• Tween, adult : 고등학생 정도의 성숙한 청소년
• 성별을 구분하고자 한다면 ~~boy, chibi 등으로 표현합니다.

그림 4-4. Cartoon, boy, chibi

(5) 동물 대상 프롬프트

그림이나 사진을 표현하다 보면 동물을 대상으로 한 수많은 이미지를 만들어
내야 하는 경우와 마주합니다. 사실 인물에 대해서 묘사되는 거의 모든 프롬프
트는 동물에게도 같이 적용할 수 있습니다. 또한 동물을 의인화하여 표현하는
경우도 많으므로 결국 인물, 동물에 적용하는 프롬프트는 거의 같다고 볼 수 있
습니다. 'portrait', 'profile', 'full body shot', 'chibi'… 과 같은 프롬프트들 역시
거의 모든 동물들에 표현하여 작품을 만들어도 원하는 결과물을 얻을 수 있습
니다.

그림 4-5. Disney pixar, funny cat, portrait   그림 4-6. Disney pixar, funny cat, full body shot

(6) 순간 포착 capture 프롬프트

인물이나 동물 등을 대상으로 이미지를 생성하고자 할 때 특별한 순간을 담거
나 표현하기 위해 노력하신 적이 많았을 것입니다. 번역기 프로그램이나 사이트
를 통해 그 순간의 상황을 서술적으로 길게 작성한 후 미드저니 프롬프트 창에
넣어도 사실 원하는 정확한 순간을 얻기가 쉽지 않습니다. 하지만 'capture'로 프
롬프트를 시작하고 주변 상황만 묘사를 하면 비교적 어렵지 않게 원하는 순간
포착의 이미지를 얻을 수 있습니다. 특히 동물의 특정한 활동 순간, 인물의 운동
순간 등에 유용하게 활용힐 수 있습니다.

"capture a jogging man in marathon race"이라는 프롬프트 문구를 작성한 후 정면에서 표정 등을 표현하기 위해 'front view'를 넣겠습니다. 또한 레트로 느낌을 살리기 위해 'Leika camera' 프롬프트도 추가한 이미지들입니다.

그림 4-7. capture a jogging man in marathon race, front view, by Leika camera

위와 같이 인물의 다양한 순간 표정과 모습을 담을 수 있습니다.

2) 풍경 대상의 프롬프트

자연의 풍경이나 건물들의 도시 풍경과 같은 대상에 대한 프롬프트는 전체 이미지의 구도와 밀접한 관련이 있습니다. 특정한 대상의 클로즈업 샷을 원하는 경우가 아니면, 어떠한 구도로 이미지를 결정할 것인가는 화풍이나 느낌들에 핵심적인 역할을 한다 해도 과언이 아닙니다. 책의 뒷부분에 구도에 대한 정리가 있겠지만, 이번 장에서는 풍경을 대상으로 하는 이미지 등에 쓰일 수 있는 프롬프트와 구도를 함께 알아보도록 하겠습니다.

(1) a view of~ 프롬프트

수채화, 유화, 또는 사진 등의 여러 스타일 풍경 이미지를 생성할 경우 가장 많이 쓰이는 프롬프트이며, 사실상 'a view of' 프롬프트 한 가지면 여러 방면으로 다양하고 재미있는 이미지를 생성할 수 있습니다. 또한 'view' 앞에 특정한 키워드를 넣을 경우 간단히 원하는 이미지를 얻기도 합니다.

• a view of ~ : 일반적인 풍경을 나타냅니다. 우리가 흔히 풍경화라고 생각할 수 있는 이미지를 생성하고자 할 때 쓰입니다.

그림 4-8. a view of mountains, wide shot --ar3:2

• a birdeye view of ~ : 새들의 시점에서 풍경을 보는 구도를 만들어 냅니다.

그림 4-9. a birdeye view of buildings in the city, ultra wide shot, --ar3:2

•a drone view of 〜 : 하늘을 날고 있는 드론의 시점에서 풍경의 구도를 만들어 냅니다. drone 대신에 airplane을 넣어도 유사한 이미지를 얻을 수 있습니다.

그림 4-10. a drone view of island and ocean, ultra wide shot, --ar3:2

•a satellite view of 〜 : 위성에서 지구를 바라보는 풍경을 만들 수 있습니다.

그림 4-11. a satellite view of USA, ultra wide shot, --ar3:2

•a first-man view of 〜 : 특정공간에 처음 들어간 사람의 시점에서 풍경을 만들 수 있습니다. 1인칭 시점으로 주로 건물 내부의 공간 등에 많이 쓰입니다.

그림 4-12. a first-man view of living room, --ar3:2

• a circle view of ～ : 생성하고자 하는 이미지를 원형의 시점으로 만들어 줍니다. 배경을 없애고 싶은 경우도 쓰일 수 있습니다.

그림 4-13. a circle view of a forest

• **구도 프롬프트** : 위와 같은 거대한 풍광을 나타내고자 하면

  – wide shot, ultra wide shot, super ultra wide shot

  – panorama shot

  – extreme wide shot

등을 사용하여 이미지의 완성도를 높일 수 있습니다. 위의 예 이외에도 다양하게 생성할 수 있으며, 많은 작품과 프롬프트에 대한 공부를 통해 개인적으로 응용하여 활용할 수 있습니다.

(2) Landscape 프롬프트

Landscape 프롬프트는 사실 a view of 프롬프트와 같은 역할을 합니다. A view of 프롬프트 뒤에 상세 묘사가 있는 것처럼, 'landscape,' 후에 상세 묘사를 하면 거의 유사한 이미지를 얻을 수 있습니다. 마찬가지로 뒤에 'wide shot'과 같은 풍경을 나타내는 구도 프롬프트를 넣어주면 완성도를 높일 수 있습니다.

그림 4-14. Landscape, mountains, wide shot -ar 3:2

그림 4-8. a view of~ 와 그림 4-14. Landscape를 사용한 결과물들은 거의 차이가 없음을 알 수 있습니다.

3) 대상이 없는 background 프롬프트

이미지 작업을 할 때 가끔 심플한 배경만을 생성해야 하는 경우가 있습니다. 또는 단색이나 흰색 배경만을 써야 하거나 배경이 아예 없어야 하는 경우에 유용하게 쓰이는 프롬프트입니다.

(1) no background 프롬프트

아무런 배경을 넣지 않고자 할 때 쓰이는 프롬프트입니다. 그렇다고 배경이 없는 투명한 PNG 이미지를 생성하는 것은 아니며, 무조건 흰색으로 배경을 만들지는 않습니다. 미드저니 역시도 아직 완벽한 생성AI는 아니라는 것을 염두에 두시는 것이 좋습니다. 위의 그림 4-13. a circle view of a forest 프롬프트에 no background 프롬프트를 넣어 생성해 보겠습니다.

그림 4-15. a circle view of forest, no background

(2) 심플하거나 화려한 배경 프롬프트

• vector, plain (색상) background, 또는 simple vector background of (색상) 프롬프트를 사용하면 다양하게 쓰일 수 있는 배경 이미지를 얻을 수 있습니다.

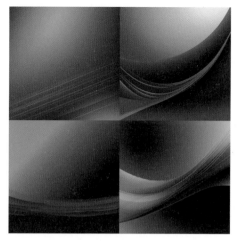

그림 4-16. vector, plain blue background

• vector, plain colorful background를 넣으면 화려한 배경 이미지를 얻습
니다.

그림 4-17. vector, plain colorful background

• vector, plain color chaos background 프롬프트를 넣으면 추상적인 느낌
이 첨가된 배경을 얻을 수 있습니다. 또한 vector를 oil painting 등의 프롬

프트로 바꾸면 다양한 화풍의 이미지를 생성하는 것이 가능합니다.

 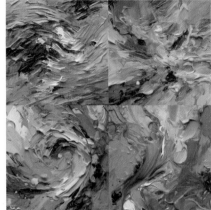

그림 4-18. vector, plain color chaos background 그림 4-19. oil painting, plain color chaos background

작품의 오브젝트 또는 대상에 주로 쓰이는 프롬프트들에 대해 알아보았습니다. 위의 분류들 중에 가장 많은 '사물'관련 부분은 언급하지 않았습니다. '사물'을 오브젝트로 지정할 경우 너무 광범위한 내용을 다루어야 하는 부분도 있지만, 사실 생성하고자 하는 작품의 화풍, 구도 또는 제작 목적 등에 따라 다르게 표현되고 많은 파생 프롬프트를 생성하게 됩니다. 따라서 다음 장의 스타일 프롬프트에서 함께 언급하기로 하겠습니다.

5차시

붓 없이도 화가가 된다 - 미술 스타일 프롬프트

앞서 미드저니의 핵심은 텍스트 프롬프트라고 언급했는데, 텍스트 프롬프트의 핵심은 스타일이라고 말할 수 있습니다. 그러니 이미지의 스타일 부분은 미드저니의 핵심 중에 핵심이라고 해석이 되겠고, 그만큼 생성하고자 하는 이미지의 화풍과 느낌 그리고 완성도를 결정하는 부분이라 할 수 있습니다.

스타일을 정의하는 데는 크게 미술, 사진, 상업 이미지, 카툰^{애니메이션}으로 나누고, 이번 장에서는 미술 그림에 관련된 장르, 시대사조, 아티스트의 여러 프롬프트에 대해 알아보도록 하겠습니다.

1. 장르별 프롬프트

미술 그림에 대한 화풍이나 장르는 수십가지 이상이 됩니다. 많은 장르의 구분을 모두 언급하는 것은 지면상, 글의 집중도 문제상 불가능하므로 대표적인 부분과 흥미로운 부분들을 중심으로 다루겠습니다.

1) 수채화 프롬프트

: watercolors / watercolors printing / watercolor style ~

시, 캘리그래피 등 다른 종류의 예술과 결합하여 가장 많이 쓰이는 미술 장르입니다. 'ink dro lets' 프롬프트로 수채화 특유의 떨어지는 물감방울을 표현하기도 합니다.

그림 5-1. watercolors, cool showers, rain, city, on summer days

그림 5-2. watercolors, a whale, ink dro lets

2) 유화 프롬프트

: oil paint / oil painting

유화를 생성할 때 붓의 터치를 살려주는 'stroke' 키워드를 사용하여 다른 느낌을 줄 수 있습니다. 'a thick brush stroke', 'a thin brush stroke detailed' 등의 붓 터치와 두께감을 조절할 수 있으며, 유화뿐만 아니라 여러 가지 페인팅 미술 그림을 생성할 때 다양하게 쓰일 수 있습니다.

그림 5-3. oil painting, portrait, a cat with a thick brush stroke

3) 드로잉 프롬프트

미술 영역에서 드로잉이 차지하는 비중은 거의 절반이라고 해도 과언이 아닙니다. 단순하게 연필을 이용한 드로잉부터 목탄화까지 좀 더 세분화해서 알아볼 필요가 있습니다. 미드저니에서도 이러한 다양한 드로잉 표현을 제공을 합니다. 같이 알아보도록 하겠습니다.

(1) 연필 드로잉 프롬프트

: pencil drawing / ~ drawing by pencil / pencil sketch / pencil art

그림 5-4. pencil art, a cat

그림 5-5. pencil drawing , a cat

(2) 크로키 프롬프트

: croquis / rough sketch

그림 5-6. rough sketch, a cat   그림 5-7. croquis , a cat

(3) 카툰 스케치 프롬프트

: a cartoon pencil sketch,~~

그림 5-8. a cartoon pencil sketch, a Korean woman

(4) 미니멀 드로잉 프롬프트

: **minimal drawing of ~ / minimalist drawing,~**

그림 5-9. minimalist drawing, a dog   그림 5-10. minimalist drawing, a man

미니멀리즘과 같이 미니멀하고 심플한 그림을 생성합니다.

(5) 목탄화 프롬프트

: **charcoal drawing,~**

목탄 연필, 숯 등을 재료로 그려진 목탄화 스타일의 그림을 만들 수 있습니다.

그림 5-11. charcoal drawing, a permed   그림 5-12. charcoal drawing, a man
woman   standing in the forest

⑹ 라인 아트 프롬프트 : 케이트 비튼 스타일

: pencil line art ~~by Kate Beaton

그림 5-13. pencil line art , a sleepy woman by Kate Beoton

캐나다의 유명 만화가인 케이트 비튼의 연필 라인 아트 작품을 생성했습니다. 이처럼 특정한 작가의 작품과 유사한 화풍의 이미지를 생성할 수 있습니다. 이번 장의 후반부에서 자세히 설명하겠습니다.

4) 낙서 그래피티 프롬프트

: graffiti, ~

그림 5-14. graffiti, a man playing skateboard

5) 추상, 상상화 프롬프트

: abstract

추상화의 영어표현인 "abstract" 프롬프트를 쓰면 됩니다. 단순히 'abstract' 프롬프트만을 이용해도 좋은 이미지를 얻을 수 있지만 'fantasy'판타지, 'surreal'초현실 등의 프롬프트를 함께 넣어 주면 훨씬 완성도가 높은 추상화나 상상화 이미지를 얻을 수 있습니다. 또한 색상 적인 측면에서도 'color chaos' 프롬프트와 함께 쓰면 우리가 생각하지 못했던 색상 배합들로 훨씬 추상적인 느낌의 색상을 얻을 수 있습니다.

그림 5-15. surreal fantasy abstract, color chaos, a river in underground world

6) 인포그래픽 프롬프트

: infographic / infographic abstract

여러가지 정보를 쉽고 빠르게 전달하기 위해 차트, 설명, 그래픽 등을 하나의 그림형태로 압축해서 표현하는 것을 인포그래픽이라 합니다. 'abstract', 'surreal' 등과 결합하여 독특한 형태의 이미지를 생성할 수 있습니다.

그림 5-16. infographic, a bike

그림 5-17. artificial intelligence, color chaos, surreal fantasy abstract in infographic

7) 동양화 프롬프트

일반적으로 미드저니를 사용하는 사용자들은 대부분 서양화나 디지털 일러스트, 애니메이션 등의 이미지를 생성합니다. 물론, 인구 대비 사용자수가 서양인이 많고 젊은 사람들이 주로 사용하므로 그러한 장르의 이미지를 생성하는 것은 당연합니다. 그래서인지 동양화나 한국적인 이미지의 그림 등을 찾기가 사실상 쉽지 않습니다. 어쩌면 생성할 수 없다고 생각하고 시도 자체를 안 할 수도 있겠습니다.

미드저니에서도 동양화나 한국적인 풍속화를 만들어 낼 수 있습니다. 같이 알아보도록 하겠습니다.

(1) 수묵화 프롬프트

: sumie / sumi-e

수묵화 프롬프트를 알기 위해 여러 단어들을 조합할 필요는 없습니다. 'sumie'라고 프롬프트를 시작하면 원하는 내용의 수묵화 이미지를 얻을 수 있습니다.

그림 5-18. sumie, mountains

그림 5-19. sumie, mountains, a thick brush stroke

그림 5-20. sumie, minimal mountains, a thick brush stroke

그림 5-18에서 20까지는 브러쉬붓의 사용에 따른 변화를 나타낸 것이며, 특히 5-20은 그림을 좀 더 단순화해 표현한 것입니다.

그림 5-21. sumie, carp in the pond, without text

(2) 전통 풍속화 프롬프트

: Korean classical genre painting of ~

그림 5-22. Korean classical genre painting of a market, a bird eyes view

그림 5-23. Korean classical genre painting of a beautiful woman

한국 전통 풍속화 역시 표현 가능한 영역입니다. 우리가 생각하는 것과 약간의 차이는 있지만, 나름대로 괜찮은 전통그림을 얻을 수 있습니다.

(3) 사군자화 프롬프트

: **Korean traditional black ink,~**

그림 5-24. Korean traditional black ink, bamboo, thick brush stroke

2. 시대사조에 따른 프롬프트

시대사조를 스타일로 지정하여 이미지의 완성도를 높일 수 있습니다. 미술이나 음악은 오랜 시간 전부터 독특하고 개성 있는 스타일의 그림 양식들을 가지고 있으므로, 그러한 양식에 관심 있으신 분들은 참조하시거나 직접 생성을 할 수 있습니다.

아래는 미술의 시대사조를 나타내는 대표적인 키워드들을 나열해 보았습니다. 모든 시대사조 키워드를 다루는 것은 무리가 있기에 대표적인 몇 개의 키워드로 예시를 들어 보겠습니다.

archaic art 이집트 아르카익 미술

neoclassical art 신고전주의

neo-impressionnisme 신인상주의

renaissance 르네상스

rococo 로코코

pop art 팝아트

art deco 아르데꼬

contemporary art 현대미술

post modernism 포스트 모더니즘

pixel art 픽셀아트

middle age 중세

nouveau realism, 신사실주의

avant-garde 아방가르드

baroque 바로크

flemish art 플랑드르 미술

parody 패러디

expressionism 표현주의

post Impressionism 후기 인상주의

sci-fi 사이언스 픽션

그림 5-25. pop art, a woman, expression of surprise

그림 5-26. sci-fi, cyberpunk, a future warrior in the street

3. 아티스트 이름의 프롬프트

반 고흐, 클림트와 같이 유명 아티스트의 이름을 프롬프트에 넣어 아티스트 스타일의 이미지를 생성할 수 있습니다. 프롬프트의 대상을 묘사한 뒤에 'by' 또는 'in'을 넣고 참조할 아티스트의 이름과 'style'을 적습니다.

– 대상상세 묘사 + by(in) + 아티스트명 (style)

한 가지 주의할 점은 유명 아티스트의 이름을 넣은 프롬프트를 사용할 때 최근 저작권 이슈 등의 문제에 휘말릴 소지가 있습니다. 이에 공부를 하시거나 참조할 레퍼런스 정도로 응용하시기 바라며, 만일 상업적인 용도로 이미지 생성을 할 경우 ChatGPT, 구글 바드 같은 언어모델 AI를 이용해 참조 아티스트의 스타일 등을 해석해서 풀어 사용하시기 바랍니다. 실명이 들어가지 않는 것이 좋습니다.

아래는 참조할 만한 대표적인 유명 아티스트의 이름을 리스트해 놓은 것입니다. 이 중 일부를 생성해 보겠습니다.

Pablo Picasso	Leonardo da Vinch
Studio Ghibli	Gustav Klimt
Paul Signac	Max Ernst
James Gurney	Salvador Dali
Albert Bierstadt	Thomas Kinkade
M.C. Escher	Norman Rockwell
Paul Signac	Italo Calvino
Ivan Aivazovsky	Wassily Kandinsky
Paul Gauguin	Michelangelo Buonarroti
Jackson Pollock	Vincent Van Gogh

그림 5-27. a sunflower by Gustav Klimt style

그림 5-28. sunset in Vincent Van Gogh style

    지금까지 순수미술Fine Art과 관련된 미드저니의 프롬프트에 대해 대략적으로 알아보았습니다. 제가 언급한 내용들은 일부에 지나지 않으며, 또한 미드저니를 처음 접하시거나 본격적인 공부를 위한 초석을 다지기 위한 도움 정도일 뿐입니다. 그 외에 필자조차도 알지 못하는 많은 훌륭한 프롬프트들이 존재하며, 또 매일 디스코드를 통해 쏟아져 나오고 있습니다. 여러분들 각자가 항상 관심을 두고 스스로 연습하는 길만이 가장 좋은 방법이라고 생각합니다.

6차시

미드저니와 떠나는 출사 여행 – 사진 스타일 프롬프트

이번 장에서는 미드저니로 생성할 수 있는 사진 이미지에 대해 알아보겠습니다. 미드저니의 버전이 올라갈수록^{현재 버전 5.2} 사진 이미지의 퀄리티도 점점 올라가고 있습니다. 인공지능이 만든 이미지라기에는 믿기 힘들 정도의 훌륭한 사진들이 생성되고 있고, 단순히 프롬프트 창에 'photography'로 프롬프트를 시작해도 꽤 괜찮은 사진 작품의 결과물을 만들 수 있습니다.

그렇지만 좀 더 원하는 이미지의 퀄리티를 얻고자 한다면 여러 가지 사진 기법을 활용하여 원하는 이미지를 얻을 수 있습니다. 미드저니의 버전 5의 가장 큰 특징이 실제 사진과 같은 사진을 생성하는 것이므로 다양한 사진 프롬프트를 익혀야 할 필요성이 높습니다.

1. photography 프롬프트

: photography / photograph of ~ / photo ~

'photography' 프롬프트 앞이나 뒤에 원하는 분야나 스타일 등을 같이 적어주면 실사와 같은 사진을 생성할 수 있습니다.

- fashion photography : 패션관련 사진을 생성합니다. 패션쇼 런어웨이 사진을 생성할 경우 'fashion show', 'runaway' 프롬프트를 넣으면 되며, 모델의 사진을 원할 경우 'model photography'라고 입력하면 됩니다.
- magazine photography : 잡지 스타일의 프롬프트이며, 'magazine pictoral' 프롬프트를 입력해도 됩니다.
- sports photography : 스포츠 분야의 사진 프롬프트입니다.
- documentary photography : 다큐멘터리 형식의 사진 프롬프트입니다.
- noir photography : 느와르 스타일의 사진을 생성하는 프롬프트입니다.
- tintype photography : 19세기 습판사진 스타일을 나타내는 프롬프트입니다. 감각적인 흑백사진을 얻을 수 있습니다.
- World War 1 photography : 1차 세계대전 스타일의 사진을 생성할 수 있는 프롬프트입니다.
- 1950 photography : 대략적인 년도를 앞에 적어주면 그 시대에 맞는 사진 스타일을 얻을 수 있습니다.
- surreal photography : 초현실적인 사진 프롬프트입니다.

그림 6-1. fashion photography, a fashion show runaway

그림 6-2. tintype photography, a street in London

2. 사진 기법 프롬프트

고가의 사진 장비나 렌즈 등을 이용해야만 찍을 수 있는 사진들을 미드저니에서는 단 1분 안에 만들 수 있습니다. 다양한 사진 기법들이 존재하지만, 대표적인 훌륭한 사진 기법의 작품들에 대해 알아보겠습니다.

1) 미니어처 틸트 렌즈 프롬프트
: tilt shift lens / miniature tilt shot

고가의 틸트 렌즈 또는 TS렌즈 스타일의 도시나 풍경 이미지를 미니어처 스타일로 생성할 수 있습니다.

그림 6-3. photography, New york city, tilt shift lens

2) 패닝 샷 프롬프트

: panning shot

레이싱 등에서 빠른 물체를 잡아내는 패닝 샷 프롬프트입니다.

그림 6-4. photography, a racing car, panning shot

3) 할레이션 프롬프트

: halation

빛은 부서지듯 위에서 쏟아지고 머리카락이 반짝반짝 빛나는 느낌. 이렇게 태양의 자연조명을 이용한 번지듯 표현하는 것을 '할레이션'이라고 합니다. 감각적인 CF나 뮤직비디오 등에서 봤을 법한 표현기법으로, 평생 기억에 남을 수 있는 인생사진 스타일의 표현 기법 프롬프트입니다.

그림 6-5. photography, a girl at the park, portrait, halation , 8k ultra realistic, cinematic

4) 실루엣 프롬프트

: silhouette / shadow mode

빛에 의해 배경을 살리고 대상을 검게 표현하는 흔히 말하는 역광사진 스타일의 사진 기법 프롬프트입니다.

그림 6-6. photography, a girl an African meadow, sunset, silhouette

5) 로우 앵글 프롬프트

: low angle

풍경이나 피사체를 아래쪽, 낮은 지점에서 촬영하는 사진기법 프롬프트입니다.

그림 6-7. photography, New York city, low angle

6) 매직 아워 프롬프트

: magic hour

해가 지고 나서 완전히 어두워지기 직전 하늘의 빛깔이 동쪽 편은 코발트 블루, 서쪽 편은 버건디에 가까운 자주색으로 물들 때가 있는데, 이때의 하늘을 마술처럼 신비롭다고 해서 '매직 아워^{Magic Hour}'라고 부릅니다. 해가 진 후 20~30분 이후의 짧은 시간인데, 이때 사진을 찍으면 마술 같은 몽환적인 분위기의 사진을 찍을 수 있습니다. 우리말로는 땅거미가 지는 시간이라 말할 수 있으며, 이때 찍는 사진기법을 나타내는 프롬프트입니다.

그림 6-8. photography, magic hour, Seoul

7) 장노출 프롬프트

: long exposure

빠른 물체를 느린 셔터 스피드로 활용하는 패닝 샷처럼, 이보다 더 느린 스피드를 활용하여 야간 자동차의 움직임을 볼 수 있는 대표적 장노출 사진기법의 프롬프트입니다.

그림 6-9. photography, a city road, at night, long exposure, drone view

8) 이중노출 프롬프트

: double exposure of 'A' and 'B'

두 장의 사진이 겹쳐 있는 듯한 이중노출 사진 기법을 활용한 프롬프트입니다. 마치 합성사진과 같은 느낌으로 표현되지만, 각 피사체의 비율은 지정할 수 없습니다.

그림 6-10. photography, double exposure a man and a tree

9) 파노라마 프롬프트

: panorama

초광각 렌즈를 활용하여 풍경을 찍을 때 사용하는 파노라마 사진기법의 프롬프트입니다. 일반적으로 'wide shot', 'ultra extreme wide shot' 등의 구도 프롬프트와 함께 쓰는 것이 더욱 잘 표현이 됩니다. 이미지의 크기를 지정하는 --ar 파라미터로 16: 6과 같이 비율크기를 설정하는 것이 좋습니다.

그림 6-11. photography, Dubai, panorama, ultra wide shot, --ar 16:6

3. 특수 효과 및 렌더링 프롬프트

1) 특수 효과 프롬프트

사진에 적용할 수 있는 특수 효과를 미드저니에서도 구현할 수 있습니다. 다양한 특수효과가 존재하고 그에 따라 미드저니에서도 활용할 수 있는 것이 많으나, 대표적인 특수효과 기법에 대한 목록만 요약해 보았습니다.

• gradient : 포토샵 등에서도 사용하는 그래디언트 효과의 프롬프트

• neon : 네온 색감을 강조한 효과 프롬프트. Punk 스타일에 잘 어울립니다.

• dispersion : 이미지 내에서 분산되는 느낌을 강조한 프롬프트

• anaglyph : 양눈 시차를 이용한 방식, 빨강, 청록 등으로 표현되는 입체 효과 방식의 프롬프트

- distortion : 이미지의 왜곡을 표현하는 프롬프트

- grungy : 정신없이 너저분함을 표현하는 프롬프트

- retro : 복고풍의 레트로 효과를 낼 수 있는 프롬프트

그림 6-12. photography, 효과, a street in Tokyo 적용 결과

2) 렌더링 프롬프트

평면인 그림에 형태, 위치, 조명 등 외부의 정보에 따라 다르게 나타나는 그림자, 농도, 색상 등을 고려하면서 실감나는 입체적 화상을 만들어 내는 과정 또는 그러한 기법을 일컫습니다. 즉, 평면적으로 보이는 물체에 그림자나 농도의 변화 등을 주어 입체감이 들게 함으로써 사실감을 추가하는 컴퓨터 그래픽상의 과정이 곧 렌더링입니다. 이러한 렌더링 기법이 미드저니에서도 사진의 완성도를 높여주는 데 주로 쓰이고 있습니다.

- octane render : 디테일이 뛰어나고 색감이 살아있는 렌더링 방식입니다. 하지만 인물에 적용할 경우 다소 이질적인 느낌이 들 수 있습니다.
- ray tracing : 가장 많이 이용되는 기본적인 렌더링 방식입니다.
- wire frame : 물체의 모서리만을 그려주는 렌더링 방식입니다.
- unreal engine, unity : unreal engine과 unity는 원래 게임을 개발할 때 쓰는 엔진입니다. 예전에는 게임 개발사들이 자체적으로 게임의 본격 개발전에 엔진을 먼저 만들었지만, 요즘에는 unreal engine과 같은 엔진들을 가져다 쓰고 있습니다. 렌더링 역시도 엔진에 포함되어 있으며, 이에 미드저니에서도 렌더링의 기술이 구현될 수 있습니다. 인물, 풍경과 같은 일반적인 사진보다는 가상의 사진, 애니메이션 등에 쓰는 것이 적합합니다.
- cinematic lighting : 영화의 필름 등에 사용되는 렌더링을 표현합니다.
- dramatic lighting : 드라마 등에 쓰이는 렌더링 기술을 표현합니다.
- studio lighting : 스튜디오 내에서의 조명과 렌더링 기술을 표현할 때 쓰이는 프롬프트이며, 주로 광고사진이나 인물의 스튜디오 촬영 같은 효과를 낼 수 있습니다.
- fuji color film : 과거 레트로 스타일의 사진 질감과 느낌을 잘 살려주는 프롬프트입니다.
- back lighting : 인물 등의 후광효과를 표현하는 프롬프트입니다.

•night vision : 어두운 곳에서 적외선 촬영과 같은 효과를 낼 수 있습니다.

그림 6-13. photograph of an artificial intelligence female robot , artistic abstract, super resolution, hyper realistic, cinematic lighting, unreal engine 5

그림 6-14. photography of night vision, glaring wolves in the forest at night, detailed, 8k, cinematic lighting

4. 카메라 기종 별 프롬프트

레트로 감성의 로모 카메라부터 현재의 캐논, 니콘 카메라의 기종에 따라 사진의 감성과 느낌이 조금씩 차이가 있습니다. 미드저니에서도 이런 각 카메라 기종에 따른 서로 다른 사진을 생성할 수 있으며, 카메라뿐만이 아닌 특별한 렌즈에 대한 값을 모두 입력하면 그 렌즈가 가진 특성을 살려낸 이미지를 만들어 낼 수 있습니다.

일반적으로 프롬프트를 만들 때는 프롬프트의 후반부에 'by + 카메라명 또는 렌즈명' 또는 프롬프트 시작부분에 '카메라명 + photograph of ~'를 입력하면 되며, 카메라의 세부적인 모델명을 적으면 더욱 원하는 스타일의 사진을 얻을 수 있습니다.

- 로모 카메라 프롬프트 : by Lomo camera / Lomo camera photograph of ~
- 레이카 카메라 프롬프트 : by Leica camera / Leica camera photograph of ~ / Leica M
- 캐논 EOS 카메라 프롬프트 : by Canon EOS R6 Mark2 camera / Canon EOS camera R6 Mark2 photograph of ~
- 니콘 FX 카메라 프롬프트 : by Nikon FX9 camera / Nikon FX9 camera photograph of ~
- 소니 알파 카메라 프롬프트 : by Sony Alpha7 camera / Sony Alpha7 camera photograph of
- 시그마 35mm 아트 렌즈 프롬프트 : by Sigma art lens 35mm F1.4 ISO 200
- 폴라로이드 카메라 프롬프트 : by Polaroid camera / Polaroid camera photograph of ~

그림 6-15. Lomo photograph of a smiling woman on the street, close up, detailed

그림 6-16. photograph of a cute girl at the park, detailed, 8k, by Sigma art lens 35mm F1.4 ISO 200

5. Photo 프롬프트들의 차이점

　사진과 관련된 프롬프트들이 몇 가지가 있습니다. 어느 사진에 어떤 프롬프트들을 써야 하는지 헷갈리는 경우가 발생할 수도 있으니, 다음과 같이 간단히 정리해 보았습니다.

- photo realistic, photo realism, realistic photography : 일반 사진과 거의 유사합니다. 다만 질감이나 느낌이 약간 판타지스러운 경향이 있습니다. 실존하지 않는 풍경이나 인물을 보다 실사적으로 표현할 때 쓰입니다.

- surreal photo photography : 초현실적인 표현의 사진을 말합니다. 추상적인, 기하학적인 표현의 사진이나 상상의 초현실 세계의 실사화 하고자 할 때 많이 쓰입니다. 참고적으로 'surreal' 키워드는 추상화, 상상화, 애니메이션 등에 많이 쓰이는 프롬프트 입니다.

- abstract photo photography : 초현실적인 표현보다 조금 더 강하고 상상적인 느낌의 사진을 만들 수 있습니다. 신God의 표현 등에 잘 어울립니다.

- photo photography of : 일반사진의 느낌과 가장 가깝습니다. 위의 프롬프트들보다는 카메라 기종, 렌즈값 등을 조절하여 표현하기가 수월합니다.

그림 6-17. abstract photo, a man

7차시

눈으로 소비하는 즐거움 – 상업 스타일 프롬프트

앞선 차시에서는 미술과 사진에 활용되는 프롬프트들에 대하여 알아보았습니다. 대부분의 이미지 작품들이 상업적으로 이용될 수 있습니다만, 이번 장에서는 여러 프롬프트들과 그것을 응용하여 상업적 용도에 맞게 특화된 다양한 프롬프트들을 정리하고 알아보도록 하겠습니다.

1. 로고 프롬프트

: logo / logo design ~ / logo design for simple line of ~ / 3d logo design for ~

미드저니의 로고 디자인은 다소 복잡하고 예술적으로 표현되는 경우가 많습니다. 그래서 심플한 로고를 생성하고자 한다면 'simple', 'flat', 'vector', 'minimal'과 같은 키워드들과 같이 프롬프트를 구성하는 것이 좋습니다.

또한 미드저니는 여러 개의 문자열이나 숫자를 인식하지 못하며 생성 역시 불가능하므로 로고 이미지와 로고 문자를 따로 작성해야 하는 불편함이 있습니다.

그림 7-1. minimal logo design for a lion, vector, no shadow

2. 패션 프롬프트

1) 목업 프롬프트

: ~~mockup with ~

디자인한 이미지를 적용한 상품을 출시하기 전에 목업mock up 디자인을 보기 위한 프롬프트입니다. 앞에 t-shirts, mug, shoes 등 다양한 상품을 적고, 뒷부분은 목업하고자 하는 제작된 이미지 등의 내용을 적으면 됩니다. 또한 따로 이미지로 저장되어 있거나 새로 이미지를 만들어 저장한 후엔 프롬프트의 이미지링크로 불러온 후 't-shirt mockup' 등과 같은 프롬프트를 작성하시면 원하는 목업 이미지를 얻을 수 있습니다.

그림 7-2. photography of shoes mockup with surreal fantasy abstract infographic without text

2) 패턴 프롬프트

미드저니에서 패턴을 만드는 방법은 크게 2가지로 나누어집니다. 일반적인 이미지 명령어를 이용하여 직접 프롬프트를 입력하는 방법과 '--tile' 파라미터를 이용해 생성하는 방법입니다.

(1) 이미지 명령어의 프롬프트 이용

: design a seamless vector pattern of ~ (설명) , in (색상)

위와 같은 패턴 내용과 색상의 프롬프트를 직접 입력하여 패턴을 생성합니다.

그림 7-3. design seamless vector pattern of flowers and butterflies, minimalist

(2) --tile 파라미터 이용

텍스트 프롬프트에 원하는 패턴의 내용을 설명하고, 마지막에 '--tile' 파라미터를 넣습니다.

- 심리스seamless 패턴은 이음새 등에서 무늬가 어긋나지 않고 이어 붙여도 무늬가 잘 맞는 패턴을 말합니다. 가방이나 의류 등에서 봉제선을 기준으로 서로 어긋나지 않으면 심리스 패턴이라고 합니다.
- 원하시는 이미지를 생성한 후에 원단이나 패브릭 디자인에 직접 적용하시려면 반드시 패턴체크 사이트나 인공지능을 이용하여 확인하시기 바랍니다.

3. 상품의 이미지 컷 프롬프트

1) 제품 사진 프롬프트

: product photo, / product photography, / product photo shot, ~ image
cut

그림 7-4. product photo, a Gucci todd bag, image cut, color chaos, black background, studio lighting, 8k, super resolution, highly detailed, octane rander

제품, 상품에 대한 일반적인 프롬프트입니다. 미드저니에서는 단순히 'product photo'와 같은 프롬프트만으로도 예술적인 느낌이 가미된 상품의 이미지를 얻을 수 있습니다. 하지만 좀 더 디테일하고 완성도가 높은 이미지를 얻으려면 뒤에 'image cut' 프롬프트를 넣는 것이 좋으며, 'studio lighting', 'octane rander', 'high resolution' 등과 같은 조명, 화질과 렌더링 효과를 마지막에 추가하여 프롬프트를 구성하면 완성도 있는 결과물을 얻을 수 있습니다.

2) 디자인 프롬프트
: design + 대상, ~style

미드저니에서 프롬프트를 넣을 때 일반적으로 동사를 생략하고 작성합니다. 그렇게 해도 미드저니봇이 알아서 이해하고 실행하는 생성형 인공지능이기 때문입니다. 하지만 상품이나 음식 등의 이미지 컷을 작성할 때는 'design' 동사를 처

그림 7-5. design a refrigerator, simple retro style, detailed

음에 넣어 창의적인 생성을 돕도록 하는 것이 좋습니다. 비슷한 의미로 'create' 동사를 넣을 수도 있는데, 이는 아무것도 없는 상태에서 무엇인가를 창조한다는 의미가 강하기 때문에 상품 디자인과는 다소 거리감이 있는 프롬프트 사용입니다. 상상의 공간이나 인물 등을 생성할 때 쓰는 것이 더 올바른 사용입니다.

3) 음식사진 프롬프트

: food photograph of ~ (묘사), studio white lighting, super resolution, highly detailed, black background, 8k, octane render, fine sheen

위와 같이 프롬프트를 설정하고 음식의 상황을 묘사하면 양질의 음식 사진을 얻을 수 있습니다. 음식의 이미지 컷 등 다양한 활용이 가능합니다.

그림 7-6. food photograph of pizza dripping from a slice on a pizza, studio white lighting, super resolution, highly detailed, black background, 8k, octane render, fine sheen

4) 신선함 설정 프롬프트

: gel, ~ (묘사), macro

과일의 신선함이나 음료, 아이스크림 같은 음식의 역동적인 이미지 컷으로 사용하기에 유용한 프롬프트입니다.

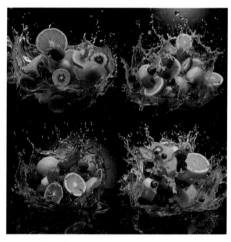

그림 7-7. gel, color fruits splashing, macro

4. 건축, 인테리어 관련 프롬프트

1) 건물 조감도 프롬프트

: a bird's-eye view of ~~ building with ~ / ~~low angle

건물의 외부 조감도 이미지를 얻을 수 있는 프롬프트입니다. 'a bird's-eye view of' 프롬프트는 앞 장의 '미술 프롬프트'에서 구도를 나타내는 프롬프트로 여러 분야에서 쓰일 수 있다고 했습니다. 건축에 관련해서도 조감도를 나타내는 프롬프트로 쓰여집니다. 건물의 상세설명을 'building with~' 이후로 넣어 주면 설명에 맞는 이미지를 생성할 수 있습니다.

그림 7-8. a bird's-eye view of a 20-story building, photo realistic, octane rander, 8k

또한 낮은 위치에서 건물을 올려다보는 모습으로 건물의 조감도를 원할 경우, 앞 장에서 배웠던 'low angle, up view' 프롬프트를 쓰면 건물의 웅장한 모습을 조감도로 표현할 수 있습니다.

그림 7-9. a low-angle view of a 20-story building, up view, photo realistic, octane rander, 8k

2) 아이소메트릭(Isometric) 프롬프트

: isometric

아이소메트릭Isometric이란 길이, 폭, 높이를 직교하는 3직선으로 나타내는 투영 중에 교각이 120도 되는 경우의 그림을 말합니다. 흔히 '등각 투영' 그림이라고도 불리는 토목 용어 중의 하나입니다. 건축물들을 보다 입체적으로 표현할

그림 7-10. New York in the 2010s, isometric, detailed, --ar 3:2

수 있는 그림으로 미드저니에서도 자주 사용되는 프롬프트입니다.

아이소메트릭Isometric 프롬프트는 일반적인 건물의 등각표현, 조감도 등에도 사용되지만, 아래와 같이 넓은 시가지나 도시를 표현하는 데도 사용됩니다.

3) 건물 평면도 프롬프트
: a floor plan of apartment building, isometric

위의 아이소메트릭Isometric 프롬프트를 이용하면 건물의 평면도를 생성할 수 있습니다. 모델하우스나 건축 사무소에서 볼 수 있는 미니어처 형식의 견본 사이즈 모델입니다. 120 제곱미터, 89 제곱미터 등의 사이즈를 넣으려면 위의 프롬프트 앞쪽에 넣어주면 됩니다.

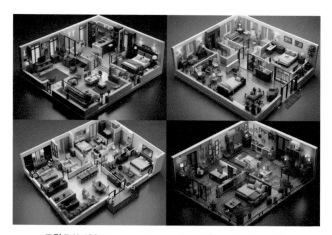

그림 7-11. 120-square-meter apartment floor plan, isometric

4) 포스터, 액자 인테리어 프롬프트
: poster mockup with ~ / framed poster mockup with ~

어떤 대상의 그림이 포스터나 액자에 걸려 있는 이미지를 구현할 때 쓰이는 프롬프트입니다. 'mockup with~' 뒤의 내용이 포스터나 액자 그림의 내용이 됩니다.

그림 7-12. framed wall poster, mockup with sunflower photo

5) 인테리어 프롬프트

: interiors, ~(대상) / a first-man view of ~ (대상)

인테리어를 표현하는 프롬프트는 'interiors,'로 시작하여 뒤에 living room, bed room 식으로 대상을 지정하면 됩니다. 지난 미술 프롬프트 장에서 언급했

그림 7-13. a first-man view of bed room, luxury modern style, wide shot

던 'a first-man view of'를 사용해도 좋은 이미지를 표현할 수 있으며, 대상 뒤에 인테리어 톤이나 색상, 스타일 등을 지정하여 원하는 스타일의 이미지를 생성할 수 있습니다.

6) 인테리어 소품, 가구 프롬프트
: Design (소품, 가구), ~ style

원하는 인테리어 소품이나 가구 이미지를 생성할 때는 앞에서 언급했던 'design ~style' 프롬프트를 이용하면 됩니다. 'modern, retro, minimal, future…' 등의 프롬프트를 'style' 앞에 넣으면 원하는 이미지를 만들 수 있습니다.

그림 7-14. design a living room couch, future style

5. 기타 상업 프롬프트

1) 컬러링북 프롬프트
: coloring page, ~~ / design coloring page of ~~ / vector coloring page, ~

요즘 전자책으로 많이 발행되고 있는 컬러링북의 프롬프트입니다. 독자의 연령대가 낮은 경우가 많으므로 복잡한 이미지보다는 단순, 심플한 이미지를 얻고

그림 7-15. coloring page of a woman warrior, simple sketch, minimal outline --niji 5

자 한다면 'coloring book' 앞에 'simple, minimal' 등의 프롬프트를 넣어 주고, 어린이들이 좋아하는 애니메이션 형식의 컬러링북을 만들 경우, 'for kids'를 앞에 '--niji5' 파라미터를 프롬프트 마지막에 넣어 주면 됩니다. '--niji5' 파라미터에 대해서는 다음 장인 애니메이션 스타일 프롬프트에서 설명하겠습니다.

2) 스티커 프롬프트

: (스타일) sticker, ~~

미드저니에서는 아웃라인을 따라서 별도로 스티커 작업을 하지 않아도 스티커 프롬프트만으로 하나의 완성된 스티커 이미지를 만들 수 있습니다. 'sticker' 프롬프트 앞쪽에 'cartoon, comics…'와 같은 드로잉 키워드를 넣은 후 뒤쪽은 내용을 넣으면 됩니다. 캐릭터 자체뿐만이 아니라 특정 상황에 대한 스티커 제작도 가능합니다.

그림 7-16. cartoon sticker, a boy eating a pizza

3) 페이퍼 아트

: paper art of ~

여러 질감의 종이로 다양한 창작을 할 수 있는 페이퍼 아트의 작품을 미드저
니를 통해서도 만들 수 있습니다. 아이들의 색종이 클래스 수업 활용이나 실제
전시 작품의 기본 디자인 등으로 활용할 수 있습니다.

그림 7-17. minimalism, paper art of a lion

4) 픽셀((Pixel) 아트 디자인 - NFT

: pixel art (style) of ~

메타버스의 유행과 함께 큰 주목을 받았던 분야 중의 하나가 픽셀 아트 분야입니다. 이러한 스타일로 NFT^{Non-fungible token, 대체 불가능 토큰}가 제작되어 상당히 고가로 거래가 되었습니다.

한 가지 팁을 드리자면 미드저니 V5 이상의 버전에서는 잘 그려지지 않습니다. 버전이 낮을수록 그림의 스타일이 보다 단순화되고 단위 픽셀의 크기도 커집니다. 예시의 그림은 V4를 이용하여 생성된 것입니다.

미드저니를 이용하여 다양한 픽셀 아트 이미지를 제작하고 NFT시장에 도전해 보시기 바랍니다.

그림 7-18. pixel art style of cyber kong, portrait, profile, close up, Crypto Punk, --v 4

5) 액션 피규어

: action figure, ~

몸에 관절이 있어 가동이 가능해 여러 가지 포즈를 취할 수 있는 피규어를 액션 피규어라고 말합니다. 인형의 일종으로 구매하는 대상이 예전에는 어린 여자

아이들부터 현재는 아이들, 청소년, 심지어 어른들까지 다양한 연령층으로 형성
되었습니다. 미드저니 디자인을 활용하면 상업적으로 활용이 가능합니다.

그림 7-19. 3d action figure, cyber style of Korean ancient warriors, full body shot, studio
lighting, super detailed --ar 2:3

8차시

환상의 세계로 초대 – 애니메이션 스타일 프롬프트

일반적으로 애니메이션이나 만화 같은 종류의 그림은 매니아 층만의 소유물이라는 생각을 많이 하고 계신데, 일단 그러한 생각은 버리시는 것이 좋습니다. 물론 많은 매니아 층을 보유하고 있고 접근하는 것이 쉽지 만은 않습니다. 하지만 그림을 통해 수익화를 원하신다면 반드시 접근하셔야 합니다. 수익 프로그램의 절반 가까이는 아이들이나 좋아할 것 같은, 오타쿠 같은 사람들이 환영할 만한 부분에서 발생하기 때문입니다.

1. 만화 cartoon 프롬프트

1) cartoon 프롬프트

: ~ cartoon (style) ~ / ~ comics, / chibi drawing style ~

'cartoon', 'comics' 등의 앞에 'cute', 'modern', 'realistic' 프롬프트를 넣어 보다 세부적인 스타일의 프롬프트를 얻을 수 있습니다.

그림 8-1. modern cartoon, superheroes flying and talking to eagles in the sky

2) 유명 프랜차이즈 스타일 프롬프트
: Pixar style / Disney style / Marble style

유명한 프랜차이즈인 Pixar, Disney, Marble 등의 프롬프트를 넣어 그와 유사한 스타일의 그림을 완성할 수 있습니다.

그림 8-2. Disney Pixar, funny dog and another animal friends, minimalizing, color chaos

2. 3D 프롬프트

1) 3D 캐릭터 프롬프트

: 3d character of ~

원하는 캐릭터를 3d 형태로 제작할 수 있습니다.

2) Lego 스타일 프롬프트

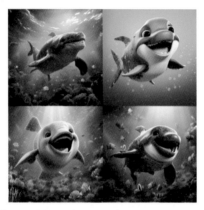

그림 8-3. 3d funny character of a whale deep in the sea

: Lego style, ~

레고 스타일의 3d 모델을 생성할 수 있습니다.

그림 8-4. Lego style of astronauts are repairing the space station, 8k detailed, studio lighting

3. 일본풍 애니메이션 프롬프트 - Niji Journey

: anime, ~~~, --niji 5

'anime' 프롬프트로 시작을 해도 되고 생략하면 마지막에 'niji' 파라미터를 넣어 주어야 합니다. 높은 퀄리티의 애니메이션 그림을 얻을 수 있습니다.

니지저니Niji journey : 일본어로 2차를 뜻하는 니지にじ와 미드저니가 합쳐진 일본 애니메이션 작화 스타일의 그림을 그려주는 AI입니다. 미드저니와 마찬가지로 디스코드에서 실행이 가능하며, 미드저니 내에서도 '--niji' 파라미터를 넣어 니지저니의 그림 스타일을 가져와 사용할 수 있습니다. 현재는 버전 5의 니지저니를 사용하고 있으며, 'style' 파라미터와 결합하여 각기 다른 느낌의 이미지를 생성할 수 있습니다.

니지저니5의 그림 스타일

그림 8-5. anime, an artificial intelligence gray hair blue eyes female robot looking at the blue sky and clouds, color chaos, surreal fantasy abstract in infographic style without text, wide shot, low angle --ar 3:2 --niji 5

1) --niji 5 --style cute 파라미터

인물에 집중하여 보다 귀여움을 강조한 표현이 가능합니다.

그림 8-6. anime, high school students taking pictures at a theme park --niji 5 --style cute --ar 3:2

2) --niji 5 --style expressive 파라미터

명암과 세부적인 효과로 입체감을 상승시켜 줍니다.

그림 8-7. anime, high school students taking pictures at a theme park --niji 5 --style expressive --ar 3:2

3) --niji 5 --style scenic 파라미터

인물보다는 배경을 강조한 표현입니다.

그림 8-8. anime, high school students taking pictures at a theme park --niji 5 --style scenic --ar 3:2

4. Clipart 프롬프트

: vector clipart of ~~ / watercolor clipart of ~~

클립아트는 문서 작업을 위해 만들어진 조각 형태의 그림을 말합니다. 엑셀, 파워포인트, 워드, 한글 등 요즘은 클립아트를 사용하지 않는 문서는 없다고 봐도 무방할 정도로 폭넓게 쓰이는 그림들입니다.

미드저니에서는 자신이 필요한 클립아트를 직접 만들 수 있습니다. 생성을 할 때 각 클립아트를 독립적으로 사용하기를 원하면, 'animals separately'와 같이 각 객체들을 분리해 표현하는 프롬프트를 넣어주는 것이 좋습니다. 또한 바탕을 없애는 'no background' 프롬프트를 써서 활용도를 높일 수 있습니다. 가장 많이 쓰이는 벡터와 수채화 형태의 클립아트를 생성해 보겠습니다.

그림 8-9. vector clipart of animals, zoo, animals separately, no background

그림 8-10. watercolor clipart of animals, zoo, animals separately, no background

9차시

평범한 순간을 특별하게 – 구도와 파라미터

지금까지 미드저니의 핵심과도 같은 스타일 프롬프트들에 대해 알아 보았습니다. 각 스타일을 생성하기 위해 이미지의 구도 프롬프트들 대부분을 스타일별로 같이 설명을 했기 때문에, 이번 장에서는 중복되는 프롬프트들에 대한 내용을 제외한 몇 가지를 알아보고 이전 장의 내용들에 대해 정리해 보겠습니다.

1. 오브젝트와 구도의 연관성

4차시 오브젝트에 대한 설명에서 잠시 언급되었던 부분입니다. 미드저니뿐만 아니라 다른 이미지 생성 AI를 다룬다고 하여도 반드시 기억해야 하고, 사실 가장 많은 실수를 하는 부분이기도 합니다.

미드저니는 이미지 생성 AI이며, 사용자가 지정하는 프롬프트의 내용을 충실히 수행하며 그림을 그립니다. 하지만 가끔 사용자가 설정한 프롬프트와 구도가 맞지 않는 경우가 발생하곤 합니다. 이럴 때 미드저니는 우선 프롬프트의 내용에 초점을 맞추어 그림을 생성하고, 그림의 구도를 프롬프트 내용에 맞게 변경을 합니다. "어? 이건 내가 명령한 그림이랑 좀 틀린데? 말을 잘 듣지 않는군!" 가끔 이런 경험을 해보셨을 겁니다. 말씀드린대로 미드저니는 프롬프트 내용에 맞게 구도를 자신이 변경한 것입니다. 결국, 사용자의 그림내용과 구도가 맞지 않는다는 결론에 도달한 것입니다.

다시 한번 4장의 예를 들어 보겠습니다.

예) a woman with blue eyes and red hair, smile, full body shot (×)

→ a woman with blue eyes and red hair, smile, wearing leather pants, black shoes, full body shot (○)

위의 예에서 알수 있듯이 빨간 머리와 파란 눈을 가진 여자를 그려 달라고 명령을 해놓고 전신이 나오는 'full body shot'을 넣었습니다. 아마도 전신 샷이 나오지 않았을 것으로 예상됩니다. 설령 나온다 해도 그건 미드저니 봇의 순수창작에 의한 결과입니다. 가죽바지를 입고 검정 신발을 신었다는 표현을 넣어주면 정상적으로 나올 수 있습니다.

위와 같은 구도에 대한 내용은 풍경화와 같이 구도 자체가 그림의 스타일을 결정하는 부분에서도 자주 발생합니다. 전체 그림의 뷰^{View}는 사각 구도로 정해져 있고, 그림 내에 또다른 오브젝트의 구도를 넣을 때를 말합니다. 이를 "이중구도"라고 하는데, 전체 그림의 구도 내에 또다른 구도가 생성되는 것을 말합니다. 예를 들어 보면, S자 형태로 흐르는 강을 표현하고 싶습니다. 그리고 프롬프트의 내용은 강에 대한 설명입니다. 그런데 전체 구도는 'Low Angle'로 설정을 합니다. 'Low Angle' 전체 구도 내에 S구도를 집어넣은 이중구도를 표현하고자 하는 프롬프트입니다. 생성된 처음 4장의 이미지 중 몇 개는 잘 표현하지 못했을 가능성이 큽니다. S구도를 표현하기 위해선 'Low Angle'보다 'Top Angle'을 넣어주는 것이 훨씬 S구도를 잘 표현했을 것이며, 반드시 'Low Angle'을 고집하고 싶다면 'a river that flows into the center of the image'와 같이 강을 표현하는데 추가적인 프롬프트를 넣어야 한다는 것입니다.

프롬프트의 스타일과 오브젝트의 구도는 이처럼 밀접한 연관성을 가지고 있습니다. 따라서 이미지의 스타일을 선정할 때는 반드시 구도를 결정해야 하며, 오브젝트의 표현과 구도의 관계는 맞는지에 대한 고민을 해야 하겠습니다.

그림 9-1.(좌) a woman with blue eyes and red hair, smile, full body shot --ar 2:3
그림 9-2.(우) a woman with blue eyes and red hair, smile, leather pants, black
shoes, full body shot --ar 2:3

그림 9-3. photography of an s-curved river that flows into the center of the
image, buildings around the river, low angle --ar 3:2

2. 오브젝트의 위치 선정 프롬프트

: ~ on the (right, left, top, bottom) (edge) side of the image

이미지를 생성하다 보면 오브젝트의 위치를 임의적으로 변경해야 하는 경우가 있습니다. 옆모습의 인물사진이나 그림의 경우 원하는 인물의 위치는 왼쪽에 있어야 하는데, 미드저니는 계속 오른쪽이나 중앙에 생성을 한다면 위의 프롬프트로 임의적으로 바꾸어야 합니다. 미드저니는 항상 묘사된 오브젝트의 위치를 중앙에 잡으려고 합니다. 또한 오른쪽, 왼쪽은 보는 우리의 관점이 아닌, 생성하는 미드저니 봇의 관점에서 왼쪽, 오른쪽이 결정됩니다.

그림 9-4. lomo photograph of female robot with human face hold her chin in one hand in a worry, robot is on the left edge side of the image, 8k, super resolution, hyper realistic, cinematography --ar 3:2 --q 2

3. 구도 프롬프트의 정리

1) 전체 구도

a (birdeyes, drone, airplane, sattlelite, square, frist-man, top, bottem…)
view of / wide shot ultra wide shot / panorama / (low, top) angle /
landscape / macro shot / fit in frame

2) 인물 구도

profile / front view / side view / close up / extreme closeup / upper body shot / knee shot / full body shot / selfie

3) 해상도 프롬프트

4k, 8k, 16k, super resolution, ultra super resolution, detailed, highly detailed, extremely highly detailed

4. 파라미터

1) 파라미터란?

프롬프트 영역의 세 번째 부분에 해당합니다. 매개변수라고도 말하며, 이미지의 보정과 변형을 수치/값 등으로 조정하는 영역을 말합니다. 이미지소스 + 프롬프트 + 파라미터의 순서처럼 일반적으로 프롬프트의 마지막 영역에 쓰고, '--'의 더블 하이픈으로 프롬프트의 선언을 알립니다. 파라미터 영문 뒤에는 반드시 공백을 띄우고 숫자를 입력해야 합니다. 그렇지 않으면 파라미터 에러가 발생하여 실행이 되지 않습니다. 또한 한 개뿐만 아니라 여러 개의 파라미터를 함께 쓰는 것도 가능합니다.

2) 파라미터 목록

(1) --v : 미드저니의 버전을 특정하는 파라미터입니다. 미드저니의 경우 버전에 따라서 약간의 차이가 발생하기도 합니다. 일반적으로 버전 2는 추상적인 이미지를 잘 만들고, 버전3은 좀더 예술적이고 창의적인 이미지 생성에 도움

을 주기도 합니다. 최신버전인 버전5 이후(5.2)의 경우, 거의 실사진과 다름없는 이미지를 생성하기 때문에 사용자의 입장에서는 버전을 특정하는 경우가 많습니다.

(2) --w : --w + "숫자"의 경우는 가로(너비)를 특정하고, --h + "숫자"는 세로(높이)를 나타내는 파라미터입니다. 사용하는 값은 256~2034 사이이며, 64배수로 지정하는 것이 잘 작동됩니다.

(3) --ar : 이미지의 종횡비를 나타내는 파라미터로, 쉽게 말해 가로, 세로의 비율을 나타냅니다. 디폴트 값은 1:1 이며 3:2, 2:3, 16:9, 9:16 등으로 사용자가 원하는 형식대로 다양하게 적용할 수 있습니다. 파라미터 중에 사용자가 가장 많이 사용을 합니다.

그림 9-5.(좌) cyberpunk style, on a night full of neon lights, people walking in alleys, detailed --ar 2:3
그림 9-6.(우) cyberpunk style, on a night full of neon lights, people walking in alleys, detailed, --chaos 60 --ar 2:3

(4) **--q** : --quality와 동일한 의미이며, 이미지의 퀄리티를 더욱 증가시키고자 할 때 사용됩니다. 정수값으로 생성되며, --q 2 로 지정할 경우 이미지의 퀄리티는 2배 증가하지만 2배 정도의 시간이 걸립니다.

(5) **--no** : 숫자가 아닌 특정 문자열의 내용을 제외시키라는 파라미터입니다.

(6) **--hd** : 별도로 업스케일링을 하지 않고 고해상도의 이미지를 얻을 수 있습니다.

(7) **--chaos** : 이미지의 무작위성을 나타내는 것으로, 숫자가 높을수록 훨씬 더 상상력이 발휘된 이미지를 얻을 수 있습니다. 0~100까지 10단위로 설정할 수 있습니다.

위 그림에서 알 수 있듯이 chaos 파라미터는 이미지 자체의 혼돈성을 더해 평범한 이미지를 추상적으로 만드는 파라미터가 아니라는 것을 알 수 있습니다. 생성되는 이미지의 범위를 좀 더 넓혀 상상할 수 있는 다른 부분도 포함해서 4개의 이미지를 만든다는 의미로 해석해야 합니다.

(8) **--stylize** : 이미지를 더욱 스타일리시하게 만들기 위해 사용하며 0~1000, 100단위로 조정합니다.

(9) **--video** : 이미지가 생성되는 과정을 동영상 파일로 만들 수 있으며, mp4 형태로 다운로드도 가능합니다. 쉽게 생각해서 과정을 동영상으로 캡처했다고 보시면 됩니다.

(10) **--tile** : 오브젝트를 여러 개로 만들어 타일을 구성하고자 할 때 사용됩니다. 패턴을 만들어 주는 파라미터입니다.

그림 9-7.(좌) watercolor of a flower and a butterfly --ar 2:3
그림 9-8.(우) watercolor of a flower and a butterfly --tile --ar 2:3

왼쪽의 그림 9-7은 수채화 스타일의 그림이고, 이 그림과 같은 프롬프트를 사용하여 tile 파라미터만을 넣은 것이 그림 9-8입니다. 그림 9-8은 하나의 패턴 무늬로 활용할 수 있는 심리스Seamless 패턴입니다. 앞의 '상업용 이미지 프로프트' 장에서 설명했듯이 심리스Seamless 패턴은 이음새가 어긋나지 않게 연결이 되는 패턴을 말합니다.

미드저니에서 생성할 수 있는 패턴은 지금까지 두 가지 방법이 있었습니다. 첫 번째는 텍스트프롬프트에 직접 패턴키워드를 넣어 생성하는 방법이고, 두 번째는 위와 같이 tile 파라미터를 이용해 패턴무늬를 생성하는 것입니다. 상업적으로 이용하기 위해선 패턴체크 사이트를 이용해 확인하고 이용하시기 바랍니다.

(11) --niji 5 : 일본화풍의 애니메이션 스타일을 만들어 내는 니지저니5를 사용해서 그림을 완성합니다. 이전 장에서 알아 보았듯이 애니메이션 스타일을 좀더 완성도 높게 생성할 수 있습니다.

(12) --repeat : 미드저니의 '/imagine 명령어는 한 번의 프롬프트 명령 실행

에 4개의 이미지를 생성합니다. 좀 더 많은 이미지를 한 번의 실행으로 보고 싶을 경우 repeat 파라미터를 써서 8, 12, 16,…개의 결과물을 얻을 수 있습니다. 예를 들면 아래와 같습니다.

--repeat 2 한 번의 프롬프트 실행으로 8개의 이미지를 한 번에 생성

--repeat 3 한 번의 프롬프트 실행으로 12개의 이미지를 한 번에 생성

--repeat 4 한 번의 프롬프트 실행으로 16개의 이미지를 한 번에 생성

단, 스탠다드 사용자는 10(총 40개 자동실행), 프로 사용자는 40(총 160개 자동실행)까지 제한이 있습니다.

(13) --weird : 미드저니의 최근 업데이트로 등장한 파라미터입니다. 다소 실험적인 성격을 지닌 파라미터로서 '--weird' 뒤에 0~3000의 값을 입력할 수 있습니다. 미드저니에서 공식적으로 업급하기는 값을 1000까지만을 사용하는 것이 너무 이상하지 않은 이미지를 생성할 수 있다고 하며, '--stylize' 파라미터와 함께 숫자를 맞추어 사용하는 것이 이미지의 퀄리티를 높일 수 있다고 합니다. 아래의 예시를 통해 알아 보겠습니다.

그림 9-9.(좌) an ai female robot, close up --ar 2:3 그림 9-10.(우) an ai female robot, close up --weird 500 --ar 2:3

인물에 적용할 경우, 약간 무서운 느낌이 들면서 인물 자체와 스타일을 바꿉니다. 추상적인 이미지를 더욱 추상적이고 기괴한 느낌으로 만들고자 한다면 사용해도 괜찮을 것 같습니다.

(14) --iw, --seed : 파라미터는 프롬프트 내에서 이미지 프롬프트의 가중치 설정과 이미지의 변형 시 '씨앗 이미지' 등에 대한 내용입니다. 다음 차시인 '합성과 변형'에서 함께 자세히 알아보겠습니다.

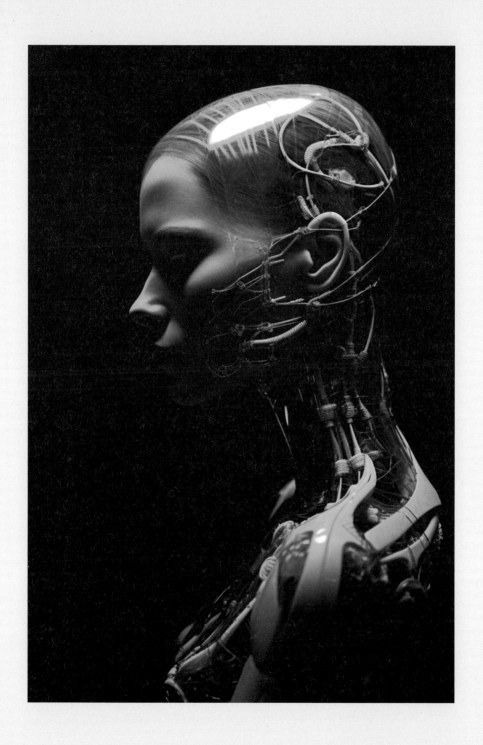

Part 3

—

여정의 돛을 올리다
- 실전연습

10차시

미드저니의 마법 같은 퍼즐 조각 - 합성과 변형

미드저니를 어느 정도 사용하다 보면, 자신의 아이디어에 맞지 않거나 그 이상을 넘어서는 이미지들이 생성되는 경우도 있고, 몇 개의 사진들을 모아서 전혀 다른 이미지를 만들어야 하는 경우를 만나게 됩니다. 매일 미드저니가 만들어 주는 결과물을 기다릴 수도 없을 뿐더러 상상력이 넘치는 자신만의 작품을 만들고 싶을 때도 있습니다.

이번 장에서는 그러한 니즈를 충족시켜 줄 수 있는 여러 가지 방법들에 대해 조금 더 자세히 알아 보도록 하겠습니다. 미드저니의 고급 기능들이 포함되어 있어 다소 어려울 수도 있지만, 자신의 아이디어에 맞는 이미지 생성 측면에서 중요한 부분입니다.

1. 이미지 합성

1) 기본 프롬프트의 이용

지금까지 사용해 온 기본적인 '/imagine' 명령어의 image 프롬프트를 이용해서 간단히 원하는 이미지들을 합성할 수 있습니다. 다시 한번 '/imagine' 명령어의 프롬프트 포맷에 대해 알아보겠습니다.

위의 빨간색 상자안이 image 프롬프트 영역입니다. 이 곳에 합성하고자 하는 이미지의 링크를 넣으면 서로 다른 두 개 이상의 이미지가 합성됩니다. 이미지 합성에 대한 비율은 정할 수가 없습니다. 미드저니는 1:1 합성이 기본입니다.

참고하실 점은 위와 같이 기본적인 포맷을 이용할 때 이미지들만^{2개 이상} 넣는 것이 합성하는 데 더 좋은 결과를 얻을 수 있습니다. 텍스트 프롬프트에는 단순히 작가나 시대사조 등만을 넣어 참고할 수 있도록 합니다. 또한 미드저니에서 생성된 이미지가 아닌, 일반 웹사이트의 이미지 등도 주소를 복사하여 이미지 프롬프트에 넣을 수 있습니다. 대부분의 웹사이트 이미지는 마우스를 우클릭하면 이미지 주소 복사가 가능합니다.

수영복을 입은 여성과 해변의 풍경을 각각 마련하여 합성해 보겠습니다.

그림 10-1-1. a beautiful Korean woman with beach wear

그림 10-1-2. a beach

그림 10-1. https://s.mj.run/WqC-7CA4i1E, https://s.mj.run/JOn-PDqozVQ

2) blend 명령어

프롬프트를 처리하는 '/Imagine' 미드저니 명령어가 아닌, '/blend' 명령어를 이용해서도 이미지를 합성할 수 있습니다. 이미지는 최대 5개까지 가능하며 1:1, 2:3, 3:2 3개의 이미지 화면 비율을 정할 수 있습니다. 즉, '--ar 1:1, 3:2, 2:3' 중에서만 선택이 가능하다는 의미입니다. 가중치는 1대1을 기본으로 하며 텍스트도 입력할 수 없습니다. 결론적으로 기본 포맷의 이미지 프롬프트의 역할과 크게 차이가 없습니다.

위 예시의 그림 10-1-1과 10-1-2를 blend 명령어로 다시 한번 합성해 보겠습니다.

그림 10-2. blend 명령어의 이미지 업로드

그림 10-3. blend 명령어를 이용한 결과물

결과물을 확인해 보면 기본적인 image 프롬프트를 사용한 것과 크게 차이가 생기지는 않습니다.

3) iw 파라미터

iw 파라미터Image Weight Parameter는 '/imagine' 명령어의 프롬프트에서 image 프롬프트의 가중치를 결정하는 파라미터입니다. 이것은 다중이미지에서 이미지들 간의 합성비율을 결정하는 것이 아니라 이미지 프롬프트와 텍스트 프롬프트 간의 생성비율 또는 텍스트 프롬프트 대비 이미지 프롬프트의 생성 비율을 결정하는 의미입니다.

미드저니 V5 이상에서는 0.5~2.0까지 조정이 가능합니다. 이미지 프롬프트는 텍스트 프롬프트 대비 기본값iw 파라미터를 사용하지 않으면으로 1:1의 비율로 생성이 됩니다. 만일 '--iw 2.0'으로 파라미터 값을 설정하면 텍스트 프롬프트의 2배의 비율로 이미지를 생성하라는 의미가 됩니다. 결국, 이미지 프롬프트의 이미지가 생성되는 결과에 큰 영향을 준다고 해석이 가능합니다. 결론적으로 이미지 프롬프트와 텍스트 프롬프트 간의 합성 비율은 이미지 프롬프트를 기준으로 가중치를 설정하는 것입니다.

다시 위의 그림 10-1-1을 이미지 링크로 가져와 iw 파라미터를 사용해 보겠습니다.

그림 10-4. https://s.mj.run/WqC-7CA4i1E, a beach surrounded by palm trees (위)
그림 10-5. https://s.mj.run/WqC-7CA4i1E, a beach surrounded by palm trees --iw 0.5 (아래)

먼저, iw 파라미터를 사용하지 않은 경우는 인물과 배경이 거의 비슷한 비율로 생성이 되었음을 알 수 있지만, 그림 10-5와 같이 '--iw 0.5'로 설정할 경우 인물이 아예 보이지도 않습니다.

그림 10-6. https://s.mj.run/WqC-7CA4i1E, a beach surrounded by palm trees --iw 2.0

'--iw 2.0'을 설정하니 그림 10-6과 같이 인물이 부각되는 이미지를 생성하였습니다. 배경은 오히려 인물을 위해서 생성된 느낌입니다.

2. 맥락 이미지

동화책이나 그림책을 미드저니로 제작할 경우, 인물 이미지들이 유사성과 맥락을 유지해야 합니다. 장면이 바뀔 때마다 또는 움직임이 바뀔 때마다 이미지들이 많은 차이를 발생시킨다면 그만큼 신뢰성이 떨어지고 혼란을 줄 수 있습니다. 이렇게 기준 이미지와 완전히 같을 수는 없지만, 상황의 맥락을 유지시켜 주는 이미지를 맥락 이미지라고 합니다. 사실 미드저니와 같은 이미지 생성 AI들을 사용하면서 가장 어려운 부분 중의 하나이고, 반대로 많은 분야에서 유용하게 쓰이는 부분이기도 합니다. 이러한 맥락 이미지를 생성하는 방법에 대해 같이 알아보도록 하겠습니다.

1) seed 파라미터

가장 쓰임새가 유용하며 중요한 파라미터입니다. 이전에 만들어 놓은 기준 이미지를 유사한 흐름을 만들고자 할 때 쓰입니다. 미드저니에서 만들어진 이미지는 모두 고유의 시드번호가 있으며, 완성 이미지에 오른쪽 마우스를 클릭하면 시드번호를 확인할 수 있습니다. 이를 --seed 뒤에 붙여주면 됩니다.

그림 10-7. cartoon, a beautiful Korean woman, detailed

기준 이미지로 쓰기 위해 아름다운 한국여성의 그림을 생성하였습니다. 그림 위에서 오른쪽 마우스를 클릭하면 아래와 같은 화면이 나옵니다.

그림 10-8. cartoon, a beautiful Korean woman, detailed에서 'envelope'

빨간색 동그라미 'envelope' 메시지 모양의 아이콘을 클릭합니다.

그림 10-9. cartoon, a beautiful Korean woman, detailed에서 'envelope' 도착, 확인

생성된 그림의 아래쪽을 보면 빨강색 동그라미와 같이 'envelope' 아이콘이 '1' 숫자와 함께 생겼습니다. 미드저니 봇에게 1개의 메시지가 전달되었고, 그 내용은 생성된 그림이라는 의미입니다.

이어서 개설된 본인 채널의 미드저니 봇 아이콘을 오른쪽 마우스를 클릭하고, 메시지를 확인하거나 디스코드 화면 전체의 왼쪽 맨 위 디스코드 아이콘을 클릭하면 미드저니봇이 사용자 본인에게 보낸 메시지가 나옵니다. 그중 가장 최신 것을 보면, 아래와 같은 메시지가 도착해 있습니다.

그림 10-10. cartoon, a beautiful Korean woman, detailed에서 미드저니봇 메시지 확인

위 그림의 빨간색 네모상자가 그림의 seed값 입니다. seed값을 이용해 다시
프롬프트를 작성해야 합니다. 기존 원본 그림의 프롬프트를 생략하고 추가할 사
항만 넣으면 원하는 그림이 생성되지 않습니다.

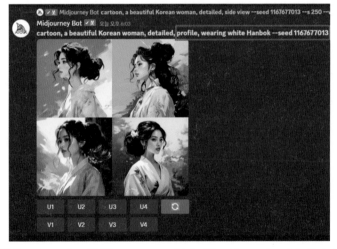

그림 10-11. cartoon, a beautiful Korean woman, detailed에 profile, wearing white Hanbok 추가

'profile, wearing white Hanbok' 프롬프트를 추가했습니다. 한복에 대한 프롬프트는 미드저니에서 seed 파라미터를 써도 임의적으로 의상 등을 변경하는 경우가 많기 때문에 임의적으로 넣은 것입니다.

그림 10-12. cartoon, a beautiful Korean woman, detailed, profile, wearing white Hanbok

위와 같이 원본 그림의 옆모습이 완성되었습니다. 같다고도, 아니라고도 할 수 없는 비슷한 이미지가 생성되었습니다. 이와 같이 약간의 번거로운 절차를 걸쳐 완성된 이미지라도 완벽하지는 않습니다.

2) '/describe' 명령어를 이용한 맥락 이미지 생성

describe 명령어를 이용하면 seed 파라미터를 이용한 결과보다 다소 나은 이미지로맥락을 유지해 나갈 수 있습니다. 위의 seed 원본 이미지를 컴퓨터로 다운로드 받습니다. 다운로드 완료 후 '/describe'를 프롬프트창에 입력한 후 다운로드 받은 seed 기준 이미지를 다시 드래그하여 업로드합니다.

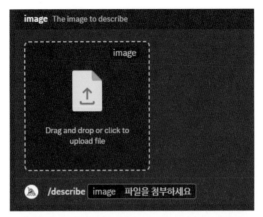

그림 10-13. describe 명령어 입력 후 seed 이미지 업로드

그림 10-14. 4가지 프롬프트로 재해석

4가지의 프롬프트로 재해석이 되었습니다. 이 중 한 개를 골라서 다시 이미지 프롬 프트에 넣습니다. 일반적으로 위 4가지 중 1번 항목이 상대적으로 가장 정확하게 재해석됩니다. 모든 프롬프트에 대해 생성하고 싶으면 아래의 'Imagine all' 버튼을 클릭하시기 바랍니다.

사진 밑의 파란 1번 버튼을 클릭하면, 다시 새로운 이미지로 생성할 수 있도록 리믹스 변경창이 나타납니다. 옆모습을 나타내는 'profile' 프롬프트 하나만 추가하면 아래와 같은 이미지가 생성이 됩니다. 만일 미드저니 세팅에서 'Remix Mode'로 설정이 안 되어 있으면 프롬프트를 복사하여 붙여 놓고 수정하시기 바랍니다.

그림 10-15. a beautiful woman art, Asian art for you, profile, in the style of fantasy characters, dark white and amber, realistic color palette, charming anime characters, luminous brushstrokes, romantic realism, high resolution

describe 명령어를 이용하면 원본 이미지의 seed 번호가 필요 없으며, 이미지의 맥락을 구성하는 것도 상대적으로 나쁘지 않은 이미지 퀄리티를 유지할 수 있습니다.

3. 이미지의 변형

미드저니의 버전이 높아짐에 따라^{현재 V5.3 업데이트} 이미지를 변형할 수 있는 방법이 조금 더 편해졌습니다. 이번 장의 처음부터 지금까지는 기준 오브젝트의 변형을 최소화하면서 합성을 하고 맥락을 유지하는 방법이었다면, 이제는 중심 오브젝트의 변함은 없고, 주위의 환경이나 배경 등을 변형시켜 전혀 다른 이미지로 생성하는 방법에 대해 알아 보도록 하겠습니다.

1) 아웃페인팅 with Zoom Out

아웃페인팅^{Out Painting}이란 이미지를 임의로 확장^{Zoom out} 시키면서 발생하는 공백을 기준이미지와 같은 화풍으로 채워주는 기술을 말합니다. 예제를 통해 알아보면 훨씬 쉽게 이해하실 수 있으니, 그림 10-7을 다시 이용하겠습니다.

그림 10-16. 그림 10-7의 생성 화면

위의 그림에서 'Zoom Out 1.5x' 버튼을 클릭하여 이미지를 확장합니다.

그림 10-17. 그림 10-7을 Zoom Out한 결과물

이미지의 화각이 확장되었고, 확장되면서 공백이 생길 수 있는 부분을 아웃페인팅 기술로 채웠습니다. 중심 인물은 변함이 없고, 배경이 새로 생성이 된 것입니다. 이러한 기술을 '아웃페인팅Out Painting'이라고 합니다.

2) Pan Down, 리믹스

이번 글의 목적은 중심 인물의 변화는 없고 주변을 변화시켜 전혀 다른 이미지를 생성하는 것입니다. 그것을 위해 생성된 그림 10-17의 4개의 이미지 중 하나를 선택하여 업스케일링합니다.

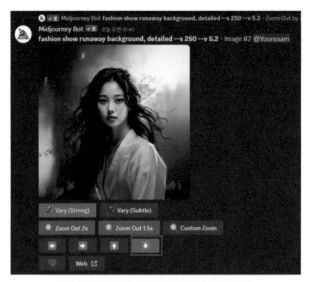

그림 10-18. 그림 10-17 중 한 개를 업스케일한 결과

위 그림 10-18 빨간색 상자 안의 아래쪽 방향 버튼을 클릭합니다. 새롭게 생긴 기능인 Pan down 버튼입니다. 버튼을 누르면 리믹스 모드^{Remix Mode} 창이 뜨고 여기서 "fashion show runaway background, detailed' 프롬프트로 변경합니다.

그림 10-19. Pan Down 리믹스 화면

아름다운 한국여성을 패션쇼에 올리기 위해 중심 인물은 변화가 없이 배경을 바꿔주는 것입니다. 아래와 같이 리믹스되어 배경이 패션쇼로 바뀝니다.

그림 10-20. Pan Down 리믹스의 결과물

위 4개의 이미지들 중에 1번을 업스케링합니다. 이후 프롬프트의 변화는 주지 않고 다시 'Zoom Out 2x' 4개의 이미지 중 1개 선택 'Pan Down' 4개의 이미지 중 1개 선택을 한 번 더 하게 되면 아래와 같이 패션쇼 런어웨이를 걷고 있는 아름다운 한국 여인이 완성됩니다.

그림 10-21. Pan Down 리믹스의 결과물

　　이와 같이 증명사진 같았던 인물 이미지를 화각, 사이즈, 스타일, 분위기 등을 바꾸는 방법에 대해 아웃페이팅Out Painting, 팬Pan, 리믹스Remix 기능들을 이용하여 알아 보았습니다. 다소 복잡하다고 느낄 수도 있으나, 실질적으로 생성되는 시간은 10분을 넘지 않습니다. 또한 미드저니를 배우는 데 있어서 반드시 알아야 할 중요 기능들입니다.

4. 다중 프롬프트

　　미드저니는 아무리 길고 복잡한 텍스트 프롬프트라도 하나의 프롬프트로 묶어서 처리를 합니다. 따라서 프롬프트의 내용을 구분하여 처리할 수 있도록 하려면 다중 프롬프트Multi Prompt를 사용해야 합니다. 다중 프롬프트는 이중콜론∷을 사용해서 여러 개의 부분으로 구분할 수 있으며, 구분된 각 부분마다 가중치를 부여할 수도 있습니다. 기본적으로 가중치는 1이며, 음수로 적용도 가능합니다.

사용하는 방법은 단순히 구분하고자 하는 단어 뒤에 이중콜론∷을 입력합니다. 예를 들어, 치즈와 케이크를 각각 분리하려면 'cheese∷ cake∷'로 표시하면 됩니다. 또는 'cheese∷2 cake∷1'과 같이 가중치를 표시합니다. 그냥 'cheese cake'라고 프롬프트를 작성하면 치즈가 들어간 케이크 한 개만을 그립니다. '‘cheese∷ cake∷'라고 다중 프롬프트를 입력하면 이미지 내에 각각 치즈와 케이크의 그림이 분리되며, 여기에 가중치를 'cheese∷2 cake∷1'로 입력하면 치즈가 케이크보다 2배의 중요도로 이미지가 생성됩니다.

그림 10-22. space ship

그림 10-23. space∷ ship∷

위의 그림 10-22와 23에서도 알 수 있듯이 'space ship'이라는 프롬프트는 우주선의 의미로 처리가 되어 그림 10-22와 같은 이미지가 생성되지만, 다중 프롬프트를 사용하여 'space∷ ship∷'으로 프롬프트를 입력하면 그림 10-23과 같이 우주와 배가 분리된 의미로 이미지가 생성됩니다.

그림 10-24. space::2 ship::1   그림 10-25. space::1 ship::2

다중 프롬프트에 가중치를 입력하면 그림 10-24, 25와 같이 전혀 다른 이미지가 생성됩니다. 'space::2 ship::1' 프롬프트는 우주의 중요도를 배에 비하여 2배로 설정한다는 의미이고, 반대로 'space::1 ship::2' 프롬프트는 배의 중요도를 우주의 2배로 설정한다는 의미입니다.

다중 프롬프트를 사용하면 이미지에서 강조하고 싶은 부분이나 제거하려고 하는 부분들을 쉽게 통제하면서 원하는 이미지를 생성할 수 있습니다.

"이미지의 합성과 병합"

미드저니는 이미지 생성 AI로서 이미지들을 합성할 수는 있지만, 아쉽게도 이미지들의 병합은 할 수가 없습니다. 사용자들이 이 부분에서 구분 없이 사용을 하는 경향이 있습니다. 차이점에 대해 알아 보겠습니다.

이미지 합성Image Compositing은 두 개 이상의 이미지를 한 장의 이미지로 결합하는 과정입니다. 이는 다양한 이미지 레이어를 겹쳐서 새로운 이미지를 만드는 데 사용됩니다. 일반적으로 이미지 합성에서는 이미지 레이어의 순서, 불투명도,

블렌딩 모드 등을 조절하여 최종 결과물을 생성합니다. 예를 들어, 배경 이미지 위에 캐릭터 이미지를 합성하려는 경우, 캐릭터 이미지는 배경 이미지 위의 별도 레이어로 추가되어, 두 이미지가 서로 오버랩되는 새로운 이미지가 생성됩니다.

이미지 병합Image Merging은 이미지 합성과 비슷하지만, 주로 여러 이미지를 서로 이어붙여서 하나의 커다란 이미지를 만드는 데 사용됩니다. 이미지 병합은 패노라마 사진 생성, 이미지 시퀀스 병합 등에 유용합니다. 예를 들어, 여러 장의 사진을 서로 이어붙여서 와이드한 파노라마 사진을 만들 수 있습니다. 이러한 경우 각 이미지는 사진의 서로 다른 부분을 나타내며, 병합 과정에서 이들 이미지는 하나의 연속된 장면을 형성하도록 서로 이어붙여집니다.

11차시

대양으로 항해의 시작 – 실전 훈련과 레퍼런스

　지금까지 미드저니에 대한 전반적인 프롬프트의 스타일과 내용, 그에 따른 사용방법 등에 대하여 알아 보았습니다. 초보자로부터 최대한 쉽게 그리고 많은 영역에 도전할 수 있도록 노력을 했는데, 다소 부담이 되실 수도 있을 것입니다. 인공지능이라는 특수한 상황을 생각하지 않는다 해도 PC를 이용해 어떤 분야의 전문가가 되기 위해선 그 분야에 많은 실전적인 훈련과 자신만의 노력이 필요합니다. 특히 새롭게 첫 발을 떼고 있는 인공지능 분야에서는 모든 게 예상보다 빠르게 발전하고 있고, 학습자의 입장에선 그 뒤를 따라가는 것조차 버거운 것이 사실입니다. 이러한 시대적 상황 속에서 결국 자신만의 속도를 가지고 프롬프트를 개발하고 훈련하는 것만이 독창적인 자신만의 아트 스타일을 만들 수 있습니다. 책이나 공식같은 프롬프트의 사용보다는 다른 훌륭한 작품이나 프롬프트 연습 페이지 등을 이용하여 항상 훈련하고 개발해야 하겠습니다.

　이번 장에서는 미드저니에 대해 스스로 공부할 수 있는 방법과 참조할 만한 사이트에 대해 알아 보겠습니다.

1. 연습과 반복

'연습과 반복'이란 단어에서부터 너무 겁먹으실 필요는 없습니다. 어차피 연습을 하다 보면 그속에서 재미를 느끼실 것이고, 그렇게 되면 반복 학습이 자연스럽게 일어나게 됩니다.

1) 프롬프트의 분석

앞 부분에서 충분히 학습한 내용이지만, 프롬프트를 분석한다는 의미로 이어서 알아보겠습니다. 프롬프트를 길게 쓰는 것이 좋은 것은 아닙니다. 단순하게 한글을 번역한다는 의미 같은 긴 프롬프트는 오히려 작품의 의도와 벗어나는 경우가 많습니다. 간결하게 쓰는 것이 좋지만, 가끔 멋진 작품들을 보면 긴 프롬프트를 갖고 있는 경우도 있습니다. 이럴 때에는 프롬프트의 내용을 나누어 분석해야 쉽게 이해가 되고 학습이 가능합니다.

스타일 / 작품내용 / 작품 구도 / 작품 효과 / 아티스트 / 색상				
watercolor of	a Korean woman with her face up,	profile,	super detailed, 4k,	by Van Gogh,
스타일	내용	구도	효과	참조

그림 11-1. 프롬프트의 분석

- **스타일** : 가장 중요한 부분입니다. 모르는 스타일이 있으면 미드저니에 한번 실행 해 보는 것도 좋은 방법입니다. 일반적으로 가장 먼저 선언을 하는 경우가 많습니다.
- **작품 내용** : 주제를 담고 표현하고자 하는 오브젝트의 서술적인 묘사
- **작품 구도** : 다양한 구도 샷
- **작품 효과** : 스타일, 해상도, 빛의 종류
- **아티스트** : 참조할 아티스트 또는 시대사조

•**색상** : 작품에 따라 강조되는 색상

필자가 이용했던 방법은 위의 내용대로 엑셀시트를 만들어 참고했던 작품마다 기록을 하였습니다. 하나의 작품의 프롬프트 데이터를 만든 것입니다. 이렇게 정리하는 습관은 생각의 흐름을 만들어 주어 향후 어떠한 아이디어로 작업하실 때에도 번거롭지 않게 정해진 순서와 내용으로 자연스럽게 정리가 됩니다.

2) 미드저니의 'Newbee' 채널

프롬프트 분석의 준비가 되었다면 분석할 만한 대상을 찾아야 합니다. 미드저니에 입문한 지 얼마 안되는 입장에선 고급 작품들의 프롬프트를 봐도 사실 잘 이해가 안됩니다. 비슷한 수준의 사람들이 만든 작품을 보고 학습하는 것이 오히려 이해도 쉽고 빠른 시간 안에 습득이 가능합니다.

아래의 그림과 같이 미드저니에 들어 가시면 좌측 채널들 중에 'Newbies'XX 등으로 표시된 채널 3개가 보입니다. 3개 중 아무 채널이나 입장하시면 많은 사람들이 연습을 하고 있고, 그들이 생성한 그림들이 쉬지 않고 올라옵니다. 누구의 그림인지 몰라도 감상을 하면서 마음에 드는 또는 무작위로 하루에 10개를 뽑아 리스트업합니다. 메시지나 '좋아요' 표시 등을 하시면 이후에 찾기가 쉽습니다. 그렇게 하루에 모은 그림들의 프롬프트를 위 그림 11-1 처럼 분석하여 학습합니다. 이런 과정을 꾸준히 실행하시면 단기간에 엄청난 성장을 하실 수 있으며, 다른 어떤 방법보다 가장 확실한 방법이라고 생각합니다.

그림 11-2. 미드저니의 'newbies' 채널

3) 미드저니의 'describe'명령어 이용

'/describe' 명령어를 이용하면 좀 더 다양한 각도에서 이미지를 해석할 수 있습니다. 자신이 프롬프트를 만들어서 넣은 것과도 비교가 되므로 직,간접적으로 프롬프트를 학습하는 데 도움을 받기도 합니다. 또한 미드저니가 프롬프트 측면에서 이미지를 생성하는 방법 등에 대해서도 알수 있습니다.

미드저니 입력창에 '/describe'를 입력하면 아래와 같이 이미지를 업로드할 수 있는 이미지 업로드 창이 뜨게 됩니다. 여기에 PC에 저장되어 있는 이미지를 드래그해서 넣으시면 됩니다. 참고로 URL링크를 지원하지 않으니, 원하는 이미지가 있으면 미리 다운로드 받아 놓으셔야 합니다.

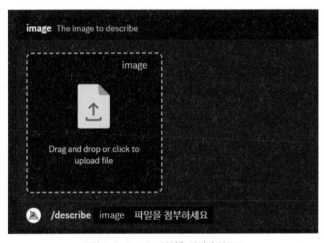

그림 11-3. describe 입력후 이미지 업로드

아래의 그림 11-4와 같은 이미지를 업로드하였습니다. 프롬프트는 "watercolor of a smiling Korean woman with her face up in heavy rain, profile, close up, hard and thick brush stroke, ink dro lets, raining background, detailed" 이며 이후 Zoom과 Pan 작업을 한 것입니다.

그림 11-4. describe 명령어를 위한 테스트 이미지

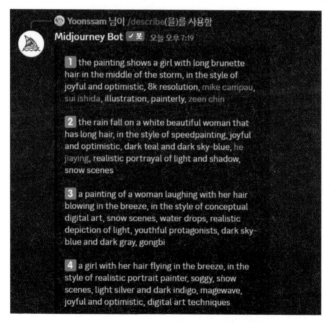

그림 11-5. describe 명령어 수행 이후의 4가지 프롬프트

위와 같이 이미지를 재해석한 4개의 프롬프트를 얻을 수 있습니다. 다소 서술적인 느낌이 있지만, 자신이 만든 프롬프트와 비교를 하며 다른 표현들에 대해 학습할 수 있는 좋은 자습서 역할을 합니다.

4) 멋진 작품에서 Cheeting!

잘 만들어진 작품들에서 좋은 영감을 얻을 수도 있고, 그들의 프롬프트 표현 방법 등 을 직접적으로 얻을 수도 있습니다. 복잡하고 긴 프롬프트를 하나씩 해부 할 필요는 없어도 동기부여의 기회라도 생기게 됩니다. 이러한 프롬프트 참조는 불법이나 저작권에 위배하는 행동이 아니므로 마음껏 이용하셔도 괜찮습니다.

• 미드저니 공식 커뮤니티 https://www.midjourney.com/showcase/recent/

유료회원 전용입니다. 하지만 미드저니를 이용하여 크리에이터가 되고 비지니스적인 성과를 이루어내기 위해선 결국 구독을 해야 합니다. 유료회원이 되면 미드저니 커뮤니티를 이용할 수 있으며, 이곳엔 많은 인기 작품과 고퀄리티의 작품들이 있어서 작품들의 프롬프트를 참고할 수 있습니다. 디스코드 상에 있는 것이 아니고 미드저니웹 홈페이지로 로그인하여 커뮤니티 쇼케이스Community Showcase 로 들어가시면 됩니다.

그림 11-6. 미드저니 쇼케이스

• **프롬프트히어로 (PromptHero) https://prompthero.com/**

미드저니 커뮤니티 쇼케이스와 유사한 방식으로 양질의 이미지들을 접할 수 있습니다. 많은 사용자들이 이용하는 만큼 다양한 작품 스타일을 볼 수 있고, 'ChatGPT' 같은 언어모델 프롬프트도 얻을 수 있습니다.

그림 11-7. 프롬프트 히어

12차시

레퍼런스 사이트

1) Midjourney Documentation https://docs.midjourney.com

그림 12-1. Midjourney Documentation

디스코드를 통해서가 아닌, 미드저니 공식 웹사이트 https://www.midjourney.com 로 가게 되면 좌측 하단에 'Get Started'버튼이 있습니다. 클릭하여 들어가면 그림 12-1과 같은 미드저니의 공식 매뉴얼 사이트를 만나게 됩니다. 이곳에서는 직접 그림을 생성하는 것이 아니라 미드저니를 사용하는 방법이나 프롬프트들에 대한 자세한 내용이 있습니다. 또한 최신 업데이트 정보 등을 얻을 수도 있습니다.

2) ChatGPT https://chat.openai.com/

그림 12-2. ChatGPT 4.0 (Plus)

더 이상 말이 필요 없는 최신 핫이슈입니다. 언어 모델이지만, 미드저니를 공부할 때도 도움을 얻을 수 있습니다. 특히 AIPRM 구글 확장프로그램을 설치하면 직접적으로 미드저니 프롬프트를 생성할 수도 있습니다.

3) The Prompt Silo https://pheeds.com/PromptSilo.php?ref=futuretools. io

그림 12-3. The Prompt Silo

미드저니 프롬프트의 백과사전과도 같습니다. 프롬프트에 대한 내용을 서술한 것이 아닌 스타일, 아티스트 이름 등을 클릭하면 상단의 창에 프롬프트가 자동적으로 생성이 됩니다. 직접적으로 프롬프트를 이곳에서 생성할 수도 있겠지만, 여러 스타일들을 참조하면서 학습하고 훈련하는 용도로 쓰기에도 좋습니다.

4) Midlibrary https://www.midlibrary.io/

20년 가까운 경력을 가진 그래픽 아티스트 '안드레이 코발레프'의 미드저니 라이브러리 웹사이트입니다. 약 2,900개 정도의 미드저니 스타일에 대하여 각 버전별, 각 아티스트별로 생성 이미지와 함께 포스팅이 되어 있습니다. 스타일과 프롬프트에 정말 많은 도움을 받을 수 있으며, 기초적인 사용법을 넘어 고급 스킬 등을 익힐 수 있는 강력 추천 사이트입니다. 미드저니를 통해 AI 아트의 길을 가고자 하는 분이라면 반드시 참고해야 하겠습니다.

그림 12-4. 안드레이 코발로프의 'Midlibrary'

5) WikiArt https://www.wikiart.org/

시대사조를 참조할 수 있는 'WikiArt'입니다. 구독을 요구하는 경우가 많으니 무료로 각 시대의 스타일 등을 참조하시면 좋을 것 같습니다.

그림 12-5. WikiArt

6) AI Designer Allan https://ai-designer-allan.tistory.com/

미드저니의 프롬프트와 최신 정보 등을 받을 수 있을 뿐만 아니라 'ChatGPT', '스테이블 디퓨전' 사용법 등을 학습할 수 있는 디자이너 'Allan'의 블로그입니다. 다소 고급 과정의 내용이 포함되어 있으니, 미드저니 사용에 익숙한 분들에게도 유용한 정보를 제공합니다.

그림 12-6. AI 디자이너 알란

7) 미드저니 프롬프트 헬퍼 https://prompt.noonshot.com/

미드저니의 프롬프트를 자동으로 생성해 주지만, 아직 미드저니 V4버전용으로 프롬프트를 만듭니다. 향후 업데이트가 있으면 써보시거나 참조해 보셔도 좋을 것 같습니다.

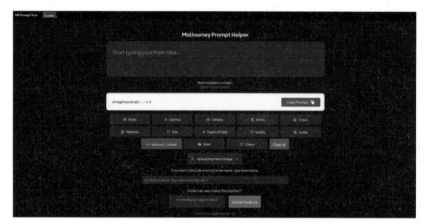

그림 12-7. 미드저니 프롬프트 헬퍼

에

필

로

그

AI는 단순한 코드와 알고리즘의 집합이 아닙니다. 그것은 우리의 감정, 생각, 그리고 영감을 반영하는 도구입니다. 예술가로서의 AI는 단순한 도구를 넘어, 우리의 창작 파트너가 되었습니다. 그것은 우리의 생각을 확장시키고, 미지의 세계로 우리를 인도합니다.

하지만 기술만으로는 충분하지 않습니다. 예술의 본질은 인간의 감정과 연결되어 있으며 AI는 우리에게 새로운 시각을 제공할 수 있지만, 그것을 진정한 예술로 만드는 것은 우리의 마음과 감정입니다. AI와 함께하는 예술은 인간의 감정과 기술의 완벽한 조화를 추구합니다.

여러분은 이제 여정의 마지막 페이지를 넘기고 있습니다. 그러나 이것이 끝이 아니라, 새로운 시작입니다. AI에 대한 이해를 넓히고, 미드저니를 실제로 활용하는 경험을 하셨을 것입니다. 이제는 여러분이 준비한 도구와 함께 새로운 창작의 세계로 나아갈 시간입니다.

이 책을 통해, 우리는 모두가 AI 아티스트가 될 수 있다는 것을 보여드렸습니다. 그 과정에서, 기술의 발전이 창조를 어떻게 변화시키는지를 함께 고민하게 뇌 있습니다. AI와 함께하는 창작 활동은 무한한 가능성을 가지고 있습니다. 그 가능성은 당신의 상상력과 창의력이 결합됨으로써 더욱 확대될 것입니다.

이 책을 읽으면서, 혹시 두려움이나 고민이 있었다면 이제 그것들을 내려 놓으시기 바랍니다. 인공지능은 단지 도구일 뿐입니다. 중요한 것은 그 도구를 어떻게 사용하느냐입니다. 여러분의 아이디어와 상상력이 결합된 AI는 예술의 새로운 표현방식을 창출할 것입니다.

마지막 부분에서는 감사의 말씀을 전하고자 합니다. 함께하신 진순희 교수님의 지원과 조언 없이는 이 책의 완성이 불가능했을 것입니다. 교수님의 열정과 반짝이는 호기심은 이 책을 통해 더 많은 사람들에게 AI와 예술이 만나는 새로운 세계를 열어주는 데 결정적인 역할을 했습니다. 진심으로 감사드립니다.

그리고, 가장 중요한 분, 바로 독자 여러분에게도 감사드립니다. 이 책이 여러분의 창조적인 여정에 작은 도움이 되었다면, 그것이 저희가 바라는 최선의 결과입니다.

2023년 가을의 문턱에서.

참고문헌

1부: AI ART로 시 쓰기

- 테드 휴즈, 《오늘부터, 詩作》, 비아북, 2019
- 문광영, 《시작법의 논리와 전략》, 개미, 2017
- 하린, 《49가지 시 쓰기 상상 테마》, 더푸른, 2021
- 오세영, 《시 쓰기의 발견》, 서정시학, 2013
- 최동호 외, 《현대시론》, 서정시학, 2014
- 유종호, 《시란 무엇인가》, 민음사, 2009
- 안도현, 《가슴으로도 쓰고 손끝으로도 써라》, 한겨레출판, 2011
- 이승하, 《이승하 교수의 시 쓰기 교실》, 문학사상사, 2010
- 김수민 외, 《챗GPT 거대한 전환》, 알에이치코리아, 2023
- 박태웅, 《박태웅의 AI 강의》, 한빛비즈, 2023